KB259620

프로바둑강좌 · 고급활용 6

약점을 줄이고 장점을 늘리는 법

本因坊 武宮正樹 지음
프로바둑연구회 편

太乙出版社

이 책을 손에 넣은 독자에게

바둑을 두어 보면 여러 가지 방법·기풍이 있다는 것을 알 수 있읍니다. 평소 밖으로 잘 나타나지 않는 각자의 성격·생각이 바둑이라는 게임에서는 잘 나타납니다. 실제로 두어 보고는, 이런 사람이 이런 방법을 쓰는가, 하고 놀라는 일도 있을 것입니다. 평소에는 조용하고 얌전하게 보이는 사람이 대국을 하게 되면 완전히 달라져 저돌맹진(猪突猛進), 공격 일변도의 기풍의 소유자가 되는 일도 있읍니다. 또 그 반대로 남성적이고 쾌활한 사람이 차분하고 얌전하게 두는 것도 볼 수 있읍니다.

우리 기사(棋士)들의 세계에서도 가지각색의 기풍이 있읍니다. 그리고 또한 그 길의 심오함을 연구하는 톱 프로가 되면 그것은 이미 하나의 '예(芸)'로 써 나타나게 됩니다. 吳淸源 선생의 기풍과 예, 坂田 선생의 끊는 맛, 秀行 선생의 구상력과 돌의 감각 등, 그것은 그 사람 자신을 나타내는 기풍임과 동시에 훌륭한 예가 되고 있는 것입니다. 일류 기사의 이야기는 별개로 하더라도 바둑을 사랑하는 여러분에게도 당연히 '기풍'은 있을 터. 역전형, 심리형, 혹은 큰모양 지향 등 즐겨두는 형이 있을 것입니다. 그리고 이왕 바둑을 두어 이길 바에야 자신의 장기로 기분좋게 이기고 싶기 마련입니다.

그럼 그러기 위해서는 어떻게 하면 좋을까?

우선 자신의 장점과 약점을 알아야만 될 것입니다. 자신의 방법·기풍의 장점은 무엇이며, 단점은 무엇인가. 이것을 자각하여 고쳐가려는 노력이 첫번째의 출발점입니다. 그렇지만 자신의 약점을 고치고 배우는 것은 생각하는 것만큼 쉬운 일은 아닙니다. 그래서 두 말 할 것도 없지만 제가 여기서 특히 권하고 싶은 것이 자신의 장점·강점을 늘리는 것입니다. '이런 전국(戰局)이 되면 나는 강하다' '이렇게 되면 나는 절대 지지 않는다' 하는 자신의 장기를 가지는 것입니다. 이것이 가능해지면 자연히 자신도 붙고 또 그것이 다음의 강점이 되어 좋은 결과로 이어질 것입니다. 어차피 인간에게 완전이란 무리한 이야기, 그렇다면 조금이라도 자신의 장기·강점을 늘려 즐기는 편이 이득이라는 것입니다. 이 책의 방침은 그런 생각으로 일관되어 있읍니다.

그래서 우선 제1장에서는 아마츄어에게서 전형적으로 볼 수 있는 버릇·경향을 지적하고, 제2장에서는 여러분의 기풍·방법의 경향을 네가지 형으로 분류, 아마 실전례를 들어 각각의 기풍상의 중요한 포인트를 지적하였읍니다. 제3장은 기풍 판단 문제집. 여기서 당신의 기풍을 스스로 진단하여 보십시오. 제4·5장은 특별 강좌로써, 특히 저의 장기인 큰모양 작전을 아마츄어 여러분에게 자세히 설명하였읍니다. 좀 색다른 '초대모양 작전'의 재미를 알 수 있게 된다면 다행이겠읍니다.

그럼, 이 책에서 당신의 방법·기풍에 눈을 떠 보십시오.

차　례 *

제 2 장 / 당신은 어떤 기풍인가······· 47

기풍 1 ─ 공격일변도형

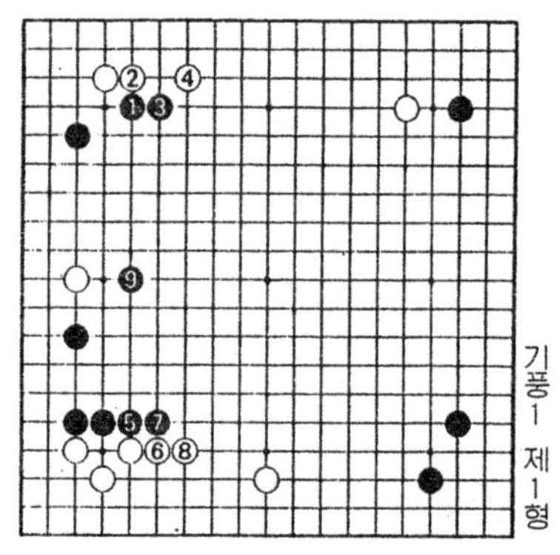

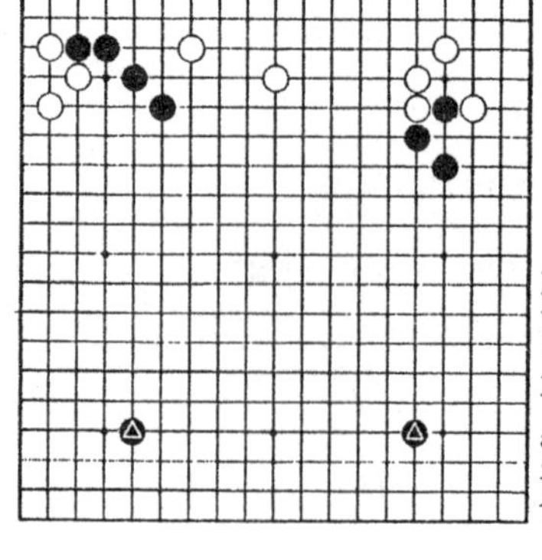

기풍 2 — 구상웅대(構想雄大) 큰모양형

기풍 3 — 빈틈없는 진실형

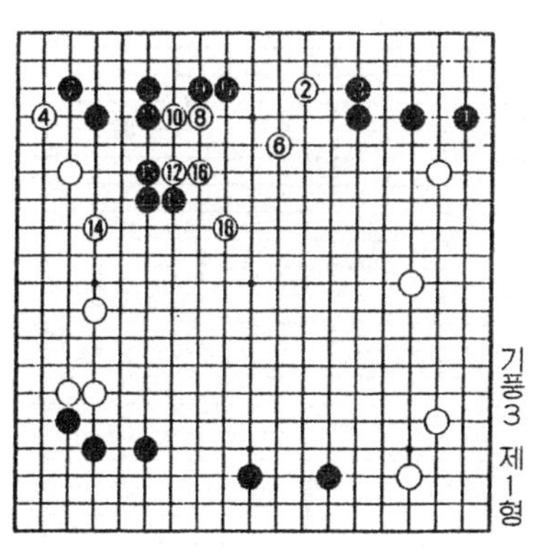

기풍3 제1형

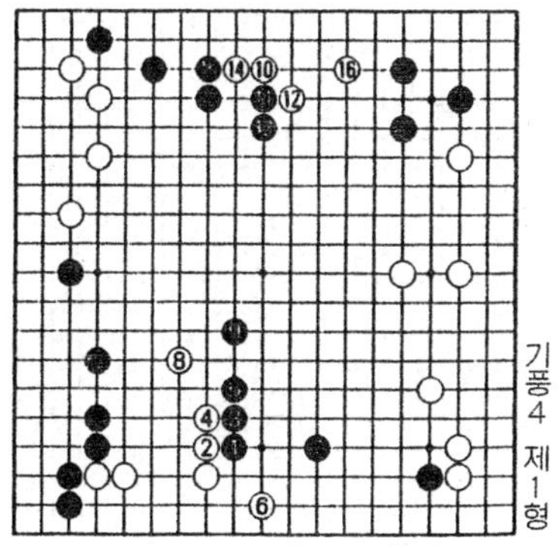

기풍4 제1형

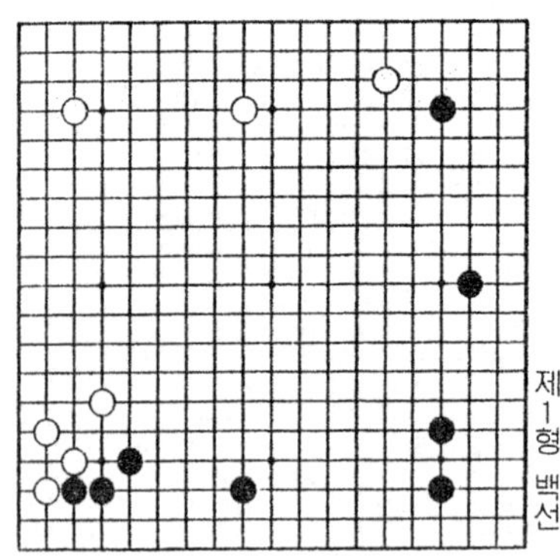

제
1
형
백
선

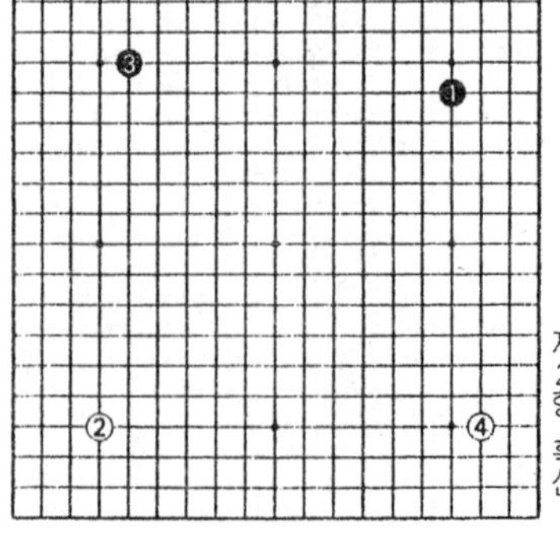

제
2
형
흑
선

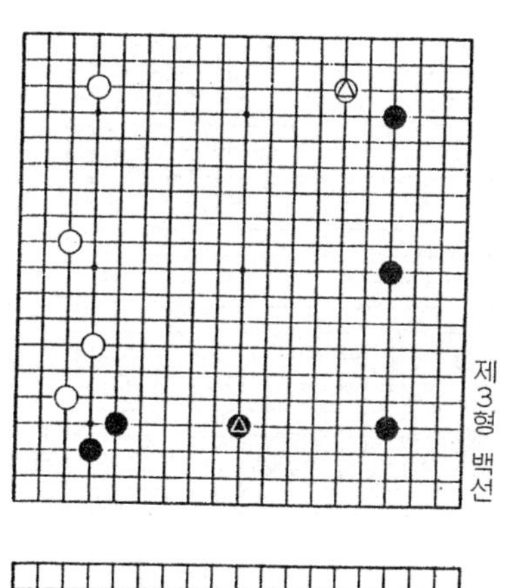

제 3 형 백선

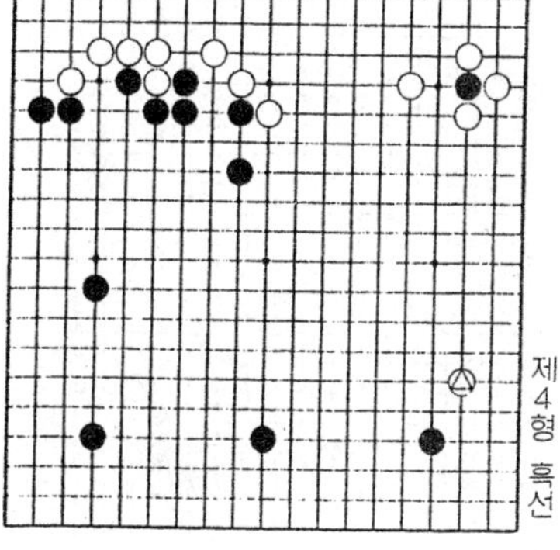

제 4 형 흑선

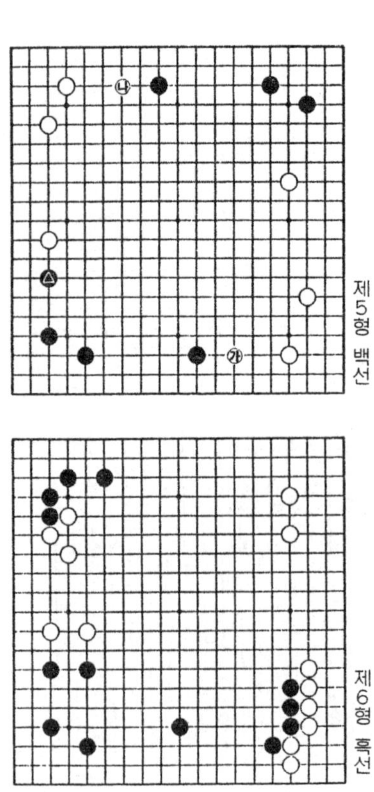

제5형 백선
제6형 흑선

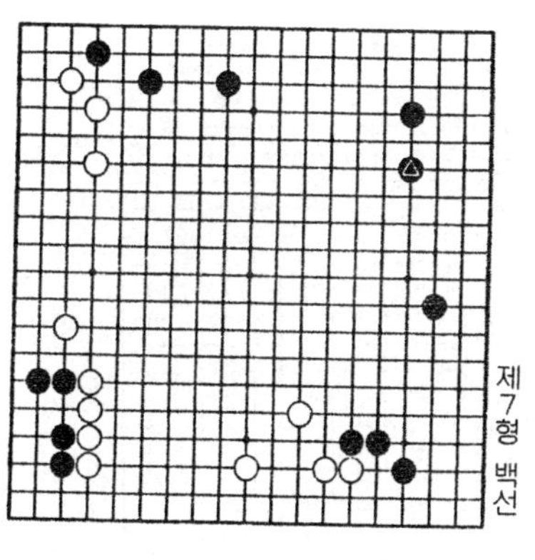

제7형 백선

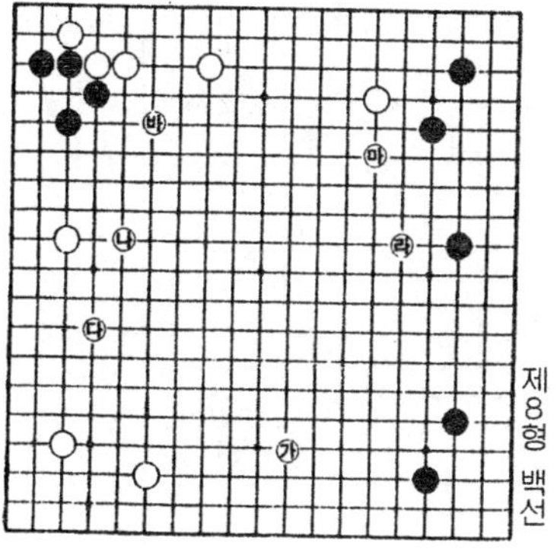

제8형 백선

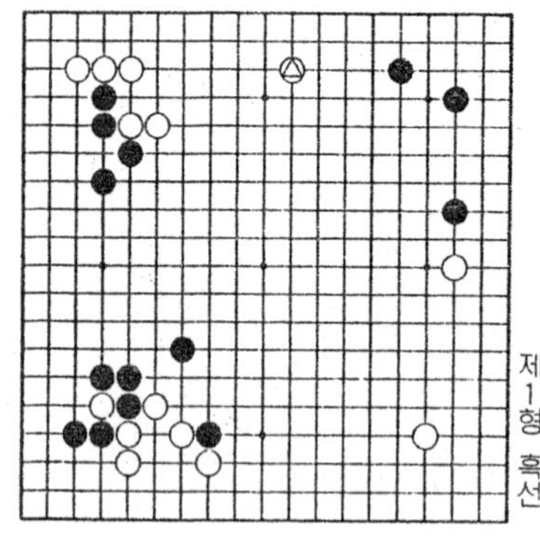

제 1 형 흑선

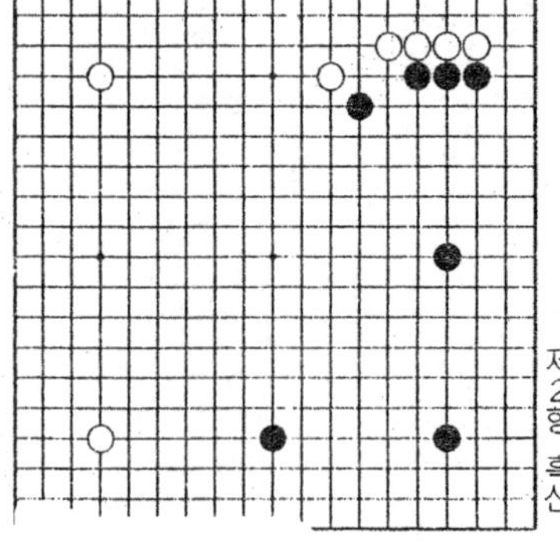

제 2 형 흑선

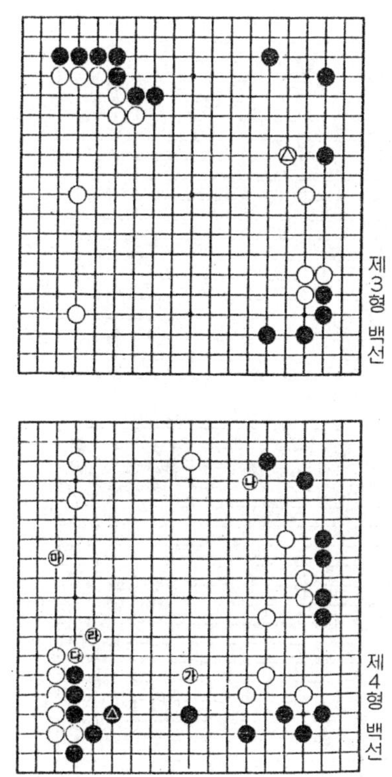

제3형 백선
제4형 백선

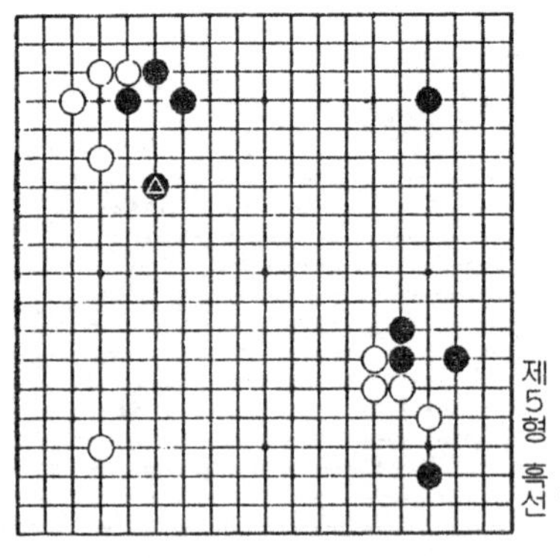
제5형 흑선

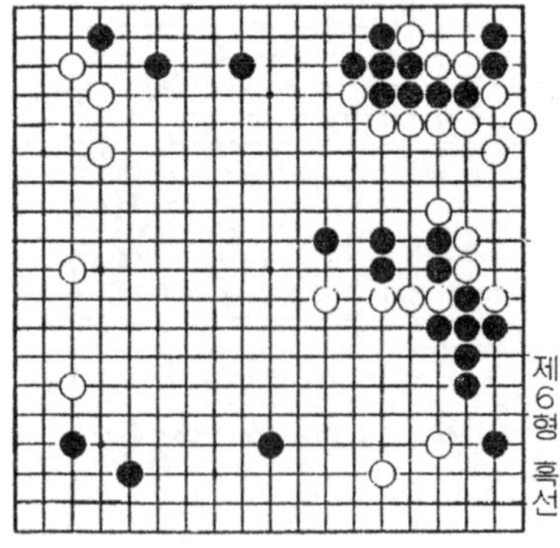
제6형 흑선

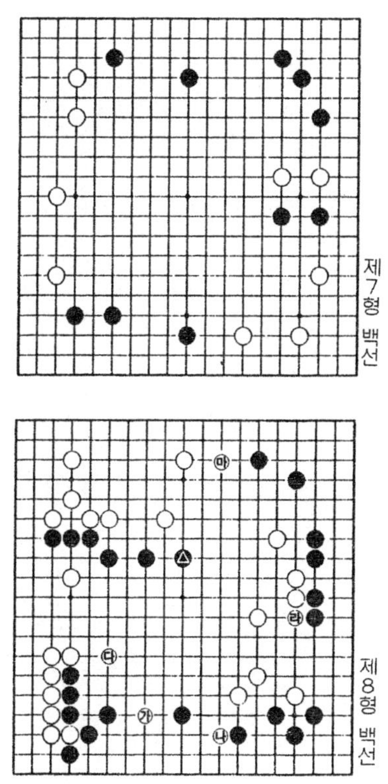
제7형 백선
제8형 백선

제 1 장

이런 방법, 기풍이
패배를 가져온다

아마츄어가 빠지기 쉬운 다섯 가지의 결점

이 장의 포인트

기풍·방법에는 여러 가지가 있으나 이 장에서는 우선 '이런 방법을 쓰면 이길 수 없다'는 아마츄어가 빠지기 쉬운 전형적인 결점례를 다섯가지 들어 그 '나쁜 버릇'을 해부하기로 한다.

그 결점이란 '질투형' '난폭·자멸형' '사고분열형' '지나친 욕심형' '무저항형'의 다섯가지인데 어쩌면 독자 중에도 짐작이 가는 사람이 있을지도 모른다.

그 모두가 '기풍'이라기 보다 '버릇'에 가까우며 그것이 자신의 나쁜 형이 되어버리면 큰일이다. 자신의 장기·방법으로 상대를 리드하기는 커녕 반대로 상대에게 봉을 쥐어주는 결과가 될 것이다.

이 다섯가지 중 '질투형'과 '난폭·자멸형'이 호전파(好戰派)의 전형이다. 차분히 생각하기 보다 많이 해치우고 보는 실전파에게 많이 볼 수 있는 타입이기도 하다. 이에 대해 '지나친 욕심형'은 누가 뭐래도 우선, 하는 타입. 싸움에 익숙치 않고, 난전에 끌려 들어가면 간단히 뒤집혀 버리는 일이 있다. '사고분열형'과 '무저항형'은 초심자나 혹은 선생님에게 붙어서 배운 사람에게 많이 볼 수 있는 현상이다. 아직 교과서적인 방법으로 실전 경험이 적은 사람에게 흔히 있을 수 있는 타입이다.

어쨌든 이들 다섯가지의 결점은 본래의 기풍 이전에 아주 나쁜 버릇이다. 먼저 이 결점을 극복하지 않는 한 당당한 '기풍'으로써 상대를 쓰러뜨리는 것은 불가능할 것이다.

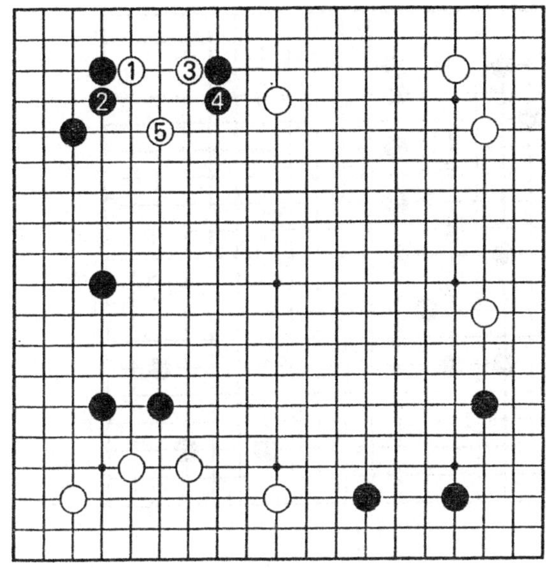

기본도

결점 1 바로 상대의 집으로 들어가는 질투형

제 1 형

무리하여 집을 침범하는 것은 대국을 잃는 것

아마 3단끼리의 실전이다. 여기까지는 서로 큰 곳을 차지하고 여유있는 바둑이 되어 있다.

다음에 백이 어떻게 두는가 보고 있으려니 좌상귀 1로 붙이고, 3에서 5로 뛰어나온다. 흑집을 침범하고, 또 흑 2점을 분단하는, 과연 있을 법한 수이지만 이것이 전형적인 질투의 발상. 부분에 눈이 멀어 전국을 잃는 예이다.

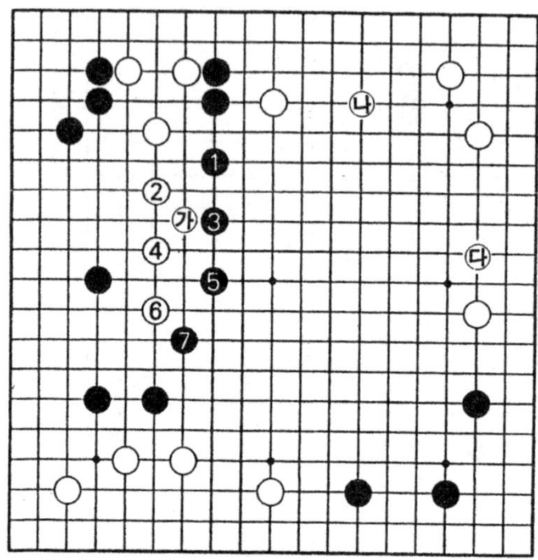

1도

흑1에서 3·5로 평이하게 뛰어나와 백은 전혀 갈 수 없는 형. 흑3에서는 **가**로 강하게 걸치는 수도 있다. 그렇게까지 두지 않더라도 그림의 진행으로 충분하다. 백은 흩어지고 또 중심이 확실치 않다. 흑에서는 중앙에 생긴 두터운 벽을 배경으로 **나**와 **다**의 뛰어들기가 맹렬해진다.

참고도 1

계속해서, 백1에서 어쨌든 자세를 가다듬지만 흑6으로 다시 공격받아 괴로울 뿐.

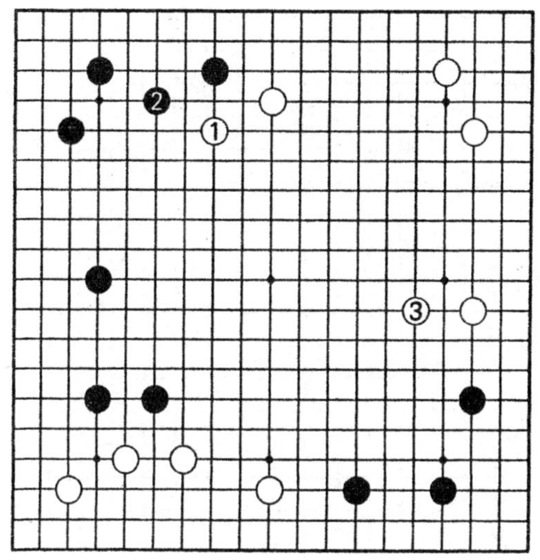

2 도

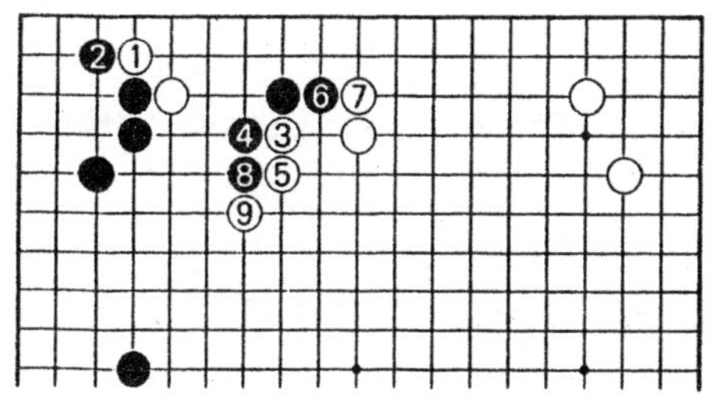

참고도 2

2 도

처음으로 돌아가 이 국면이라면 백 1로 모자를 씌우는 것이 느긋하고 바람직할 것이다. 흑 2의 받음이라면 우변 백 3으로 뛰어 우상 일대를 크게 쌓아 올린다.

1 도와 비교하면 그 차는 역력하다.

참고도 2

또 **기본도**에서 백 1, 흑 2를 교환하였다면 본도 백 1의 효력에서 3·5로 붙여뻗어 역시 우상 일대를 크게 넓혀가는 착안이 대국적인 발상이라 할 수 있다.

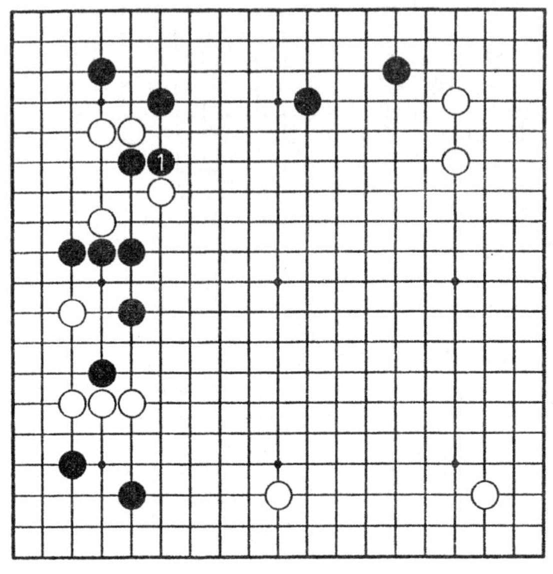

기
본
도

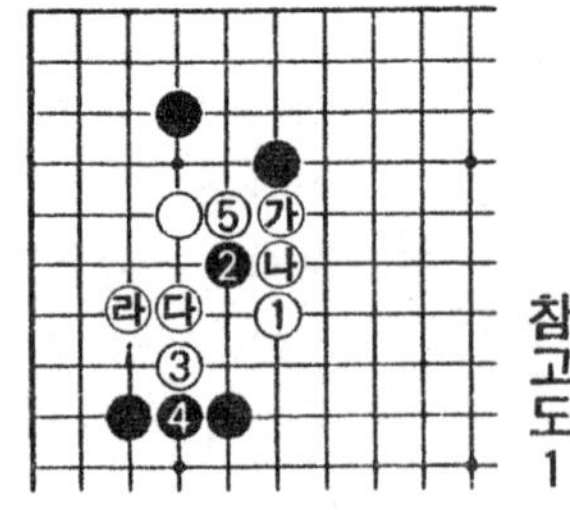

참
고
도
1

결점 2 분별없는 난폭 · 자멸형

제 1 형
무리한 공격을 하면……

아마츄어의 바둑에서 제일 두드러진 것이 난폭·자멸형의 바둑일 것이다. 조심이 지나친 수비형이나 무엇이든 상대가 하는 대로 받아버리는 무기력·무저항형의 사람 보다는 원기가 있어 좋지만 도를 지나치면 문제.

좌상귀의 순서를 **참고도 1** 에 나타내었다. 백 5 까지. 다음에 **흑가** 는 백나, 흑다, **백라** 로 안된다. 그래서 흑은 **기본도** 흑 1 에서 강행작전을 하는데 이것은 아무래도 난폭하다.

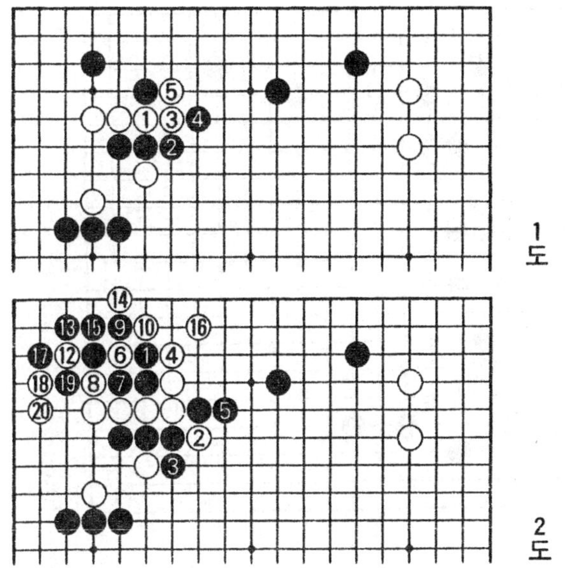

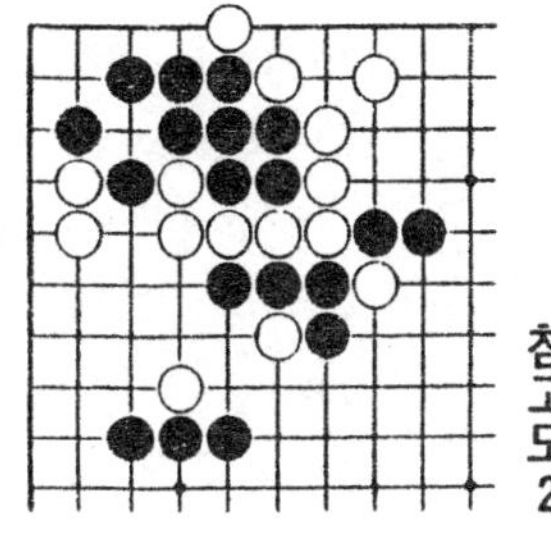

1도

기본도에 이어 백1에서 밀어내는 것은 당연. 실전에서는 흑은 다시 4로 눌러갔다. 이것도 백5로 밀려 난폭한 수.

2도

계속해서 실전의 진행이다. 백20까지 참고도 2에 완성도를 나타내두었지만 반대로 흑은 눈깜짝할 사이에 끝. 완전히 곤경에 빠진 것이다. 말할 것도 없이 원인은 흑의 지나친 난폭에 있다. 특히 기본도 흑1, 1도 흑4, 2도 흑5가 너무 분발한 수이다. 거기에 포인트를 두고 살펴 보자.

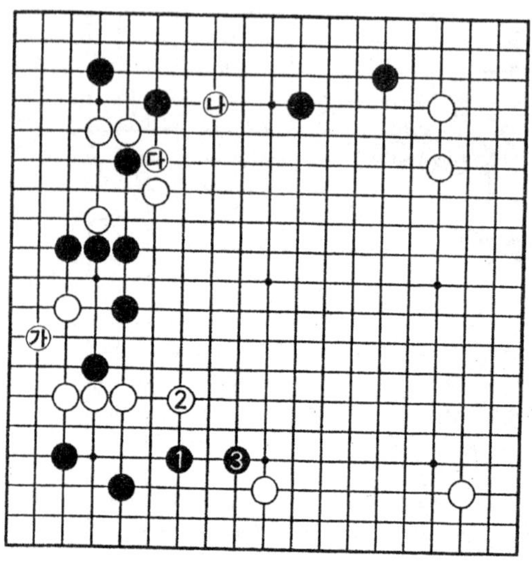

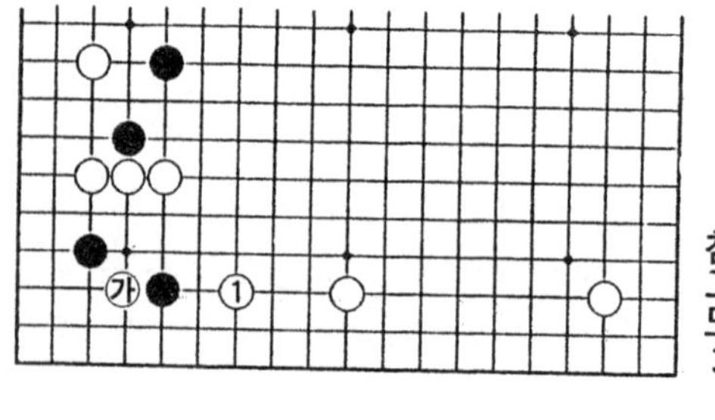

3 도
기본도의 국
면에서는 좌상
귀 보다도 좌
하귀를 서두르
고 싶은 곳이
다.

흑1·3으로 하변을 대비하는 것이 호점. 흑1을 두지 않으면 **참고도 3** 백1의 메움이 절호. 다음에 백**가**의 맛을 보여 흑의 날일자 굳힘의 존재가 갑자기 희미해진다.

3 도 백2에 이어 흑3으로 뛰어나가고, 흑**가**의 맥을 보면서 전국을 리드한다.

상변을 두면 흑**나**로 대비하는 관례. 이렇게 지키고 다음에 **다**의 출현을 기다린다.

4
도

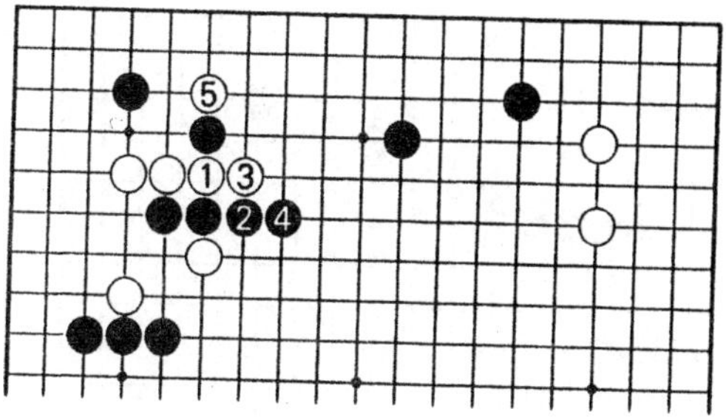

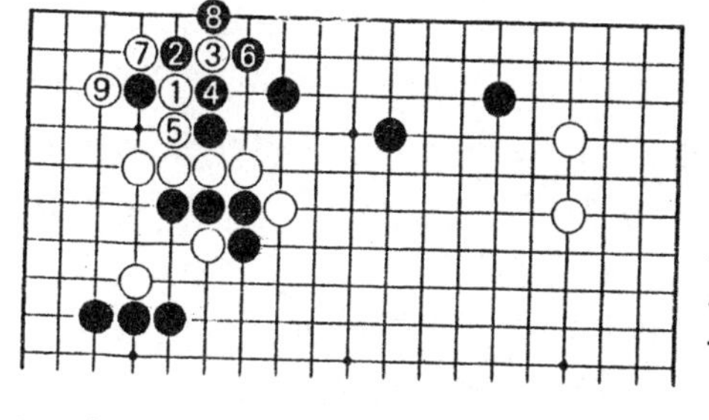

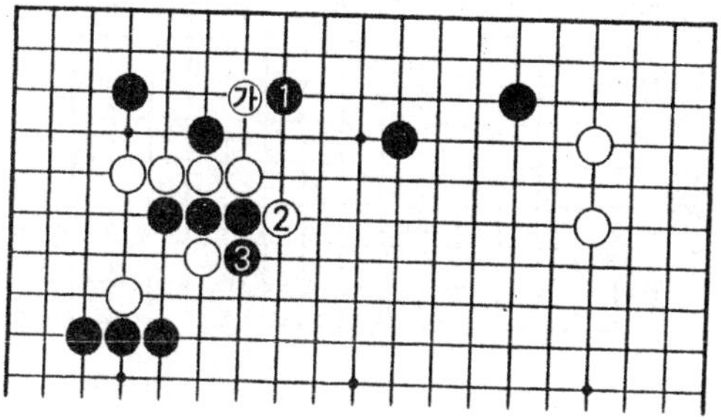

5
도

참고도 4

4도

기본도로 돌아가 백 1로 밀고나오면 흑은 어떻게 할 도리가 없으나 흑 4로 뻗고 있는 편이 실전도 보다도 이기고 있다. 그래도 흑 4에 백 5로 협공해 붙이는 수가 있고, 흑 괴롭기는 변함없지만……

5도

그렇다고 해서 **4도** 흑 4에서 1로 지키는 것도 약하다. 하는 수 없이 백 2로 젖히게 하는 것이 흑 괴롭다. 이어서 백**가.** **참고도** 4의 맥을 보여 흑의 거짓(모양)이 폭로되고 만다.

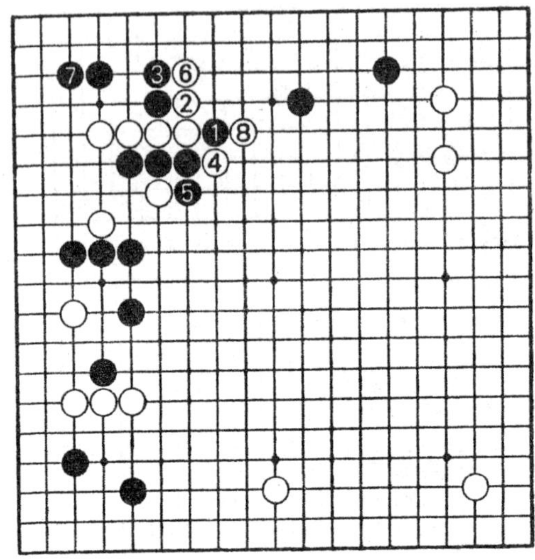

6도

결정적인 무리는 흑1(1도 흑4)의 젖힘이었다. 이 수에서는 나쁘더라도 4도의 진행을 하는 수밖에 없었다. 그렇지 않아도 백2로 꺾고 싶은 곳으로 축도 아닌데 나오게 할 이유가 없음으로 이치로 보아도 나쁘다.

그리고 실전에서 최후의 덤은 2도 흑5였다. 이 수에서는 흑7로 내리고 참는 수밖에 도리가 없다. 백8로 감싸인 것은 난처한 일이지만 이것으로 한순간에 깨질 일은 없다.

이상의 설명으로 알 수 있듯이 흑의 방법은 무리수·난폭수의 연속. 자멸을 향해 똑바로 저돌맹진하였다.

그 무리·난폭한 마음을 좀 억제하고 좀더 시야를 넓게 전국적으로 두려는 생각을 갖게 된다면 이러한 타입의 사람은 반드시 기력이 한층 올라갈 것이다.

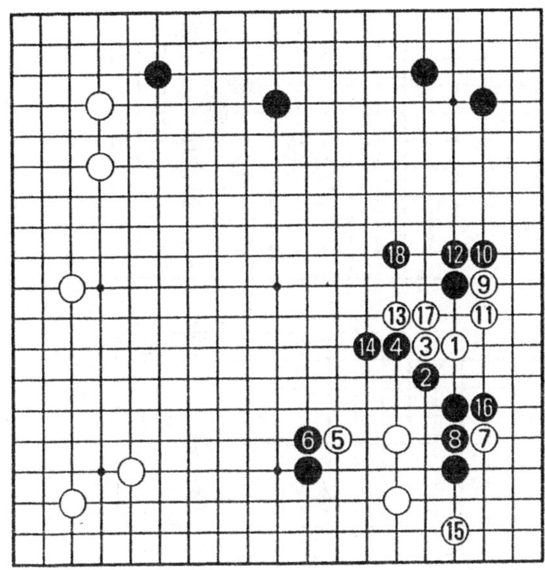

기본도

결점 3 앞뒤가 맞지 않는 사고분열형

제 1 형

오른쪽을 두었다 왼쪽을 두었다 해서는 돌의 모습을 찾을 수 없다

착수에서 중요한 것은 한수 한수 자기 나름의 의미를 갖고 두는 것이다. 즉흥적으로 두지 않고 앞뒤 둔 돌과 일관성 있게 옮겨가는 것이 좋다.

돌의 방향차이, 갈림수, 일시적 극복 등, 모두 수에 일관성이 없는데서 일어나는 현상이다.

기본도는 아마츄어 초단끼리의 바둑이다. 흑 18 까지 백은 곤경에 처해 있는데 어째서 이렇게 되었는지 알아 보자.

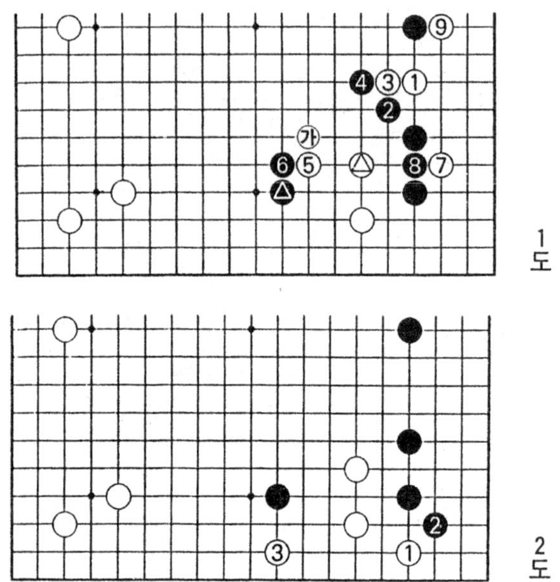

1도 (기본도 재게)

⬤의 협공에 △로 뛰어나와 흑 한 칸으로 받았는데 여기서 바로 백1로 우변으로 뛰어든 것이 무리수였다.

백은 1로 뛰어들었으나 흑2로 마늘모, 백3 누름에 흑4로 젖혀져 수가 멈추고 말았다. 우변은 이 이상 두면 하변의 백 2점이 어쩐지 무서울 것 같아 일단 백5로 두었다. 그렇지만 흑6으로 눌러 또 방향전환이다. 여기서 백가로 뻗고 있는 것은 이번에는 우변의 백돌이 위태로울 것 같이 생각되었기 때문일 것이다.

이리하여 백7에서 9의 붙임이 된 것이다.

2도

1도 백1에서는 본도가 정석.

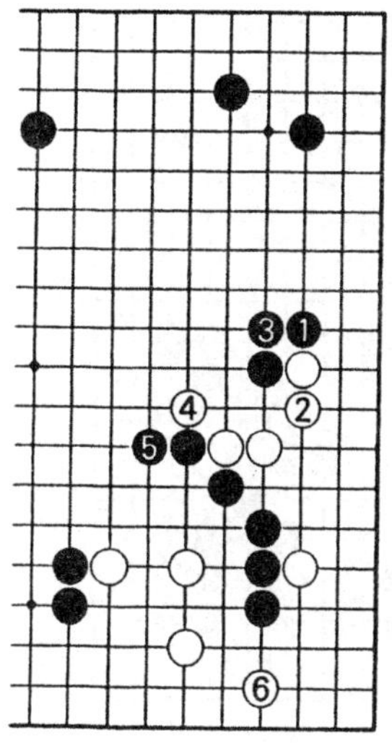

3도

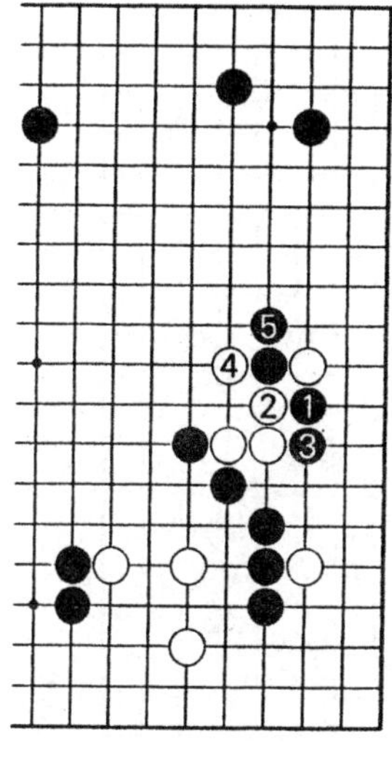

4도

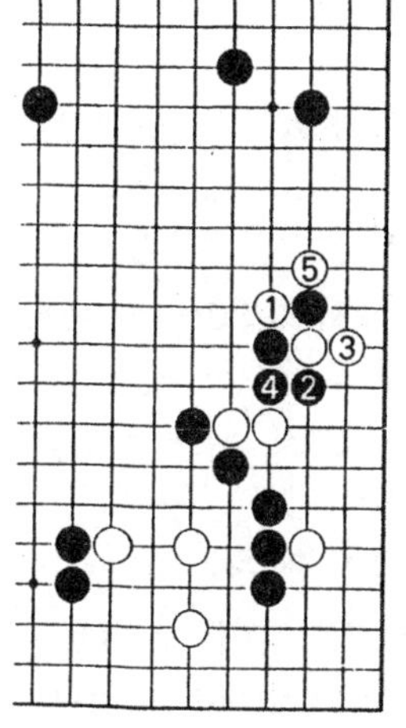

5도

3도

흑1의 누름에 백2로 당김. 일단 4를 두고, 다시 하변 백6의 보강. 여전히 오른쪽을 두었다, 왼쪽을 두었다, 바쁘지만……

또한 순서 중 흑1에서는 4도 흑1의 젖혀넘이 있었다. 또 백2의 당김에서는 5도 백1의 실수가 수습의 맥이었다. 백5까지 이 방법이 백에게 좋다. 실전의 진행을 흑에 1·3으로 잇게 하여 우상 일대에 방대한 흑모양을 만들게 하였다.

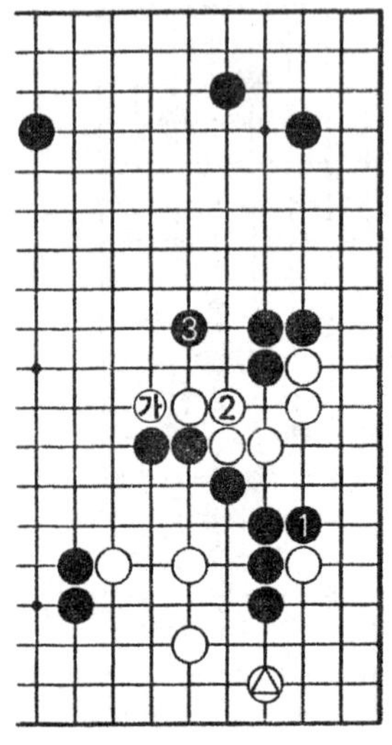

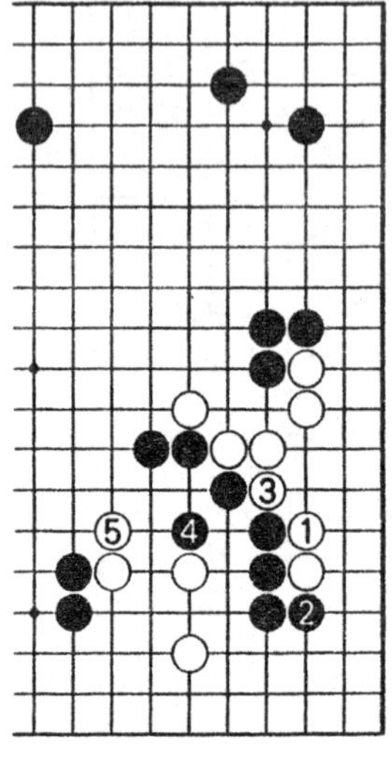

6도

6도

계속해서 흑1로 눌리면 백도 맞서지 않을 수 없는 상황이다.

실전에서는 이 후 백가에서 간신히 도망쳤으나 물론 바둑은 일방적으로 되고 말았다.

7도

6도 ⊙의 미끄러짐에서는 본도 백1에서 3으로 우변에서 수습하여 두지 않으면 안되었다. 이것도 하변의 백돌은 약하고, 흑의 우상 일대를 공고하게 한 죄도 크므로 나쁘기는 나쁘지만 실전의 진행 보다는 좀 낫다.

이 결과에서도 알 수 있듯이 한수 한수의 착수의 일관성이 얼마나 중요한가 하는 것이다. 즉흥적인 수(기본도의 백5, 9, 15)와 무리수(같은 도 백1)가 그것을 더 심하게 하였다.

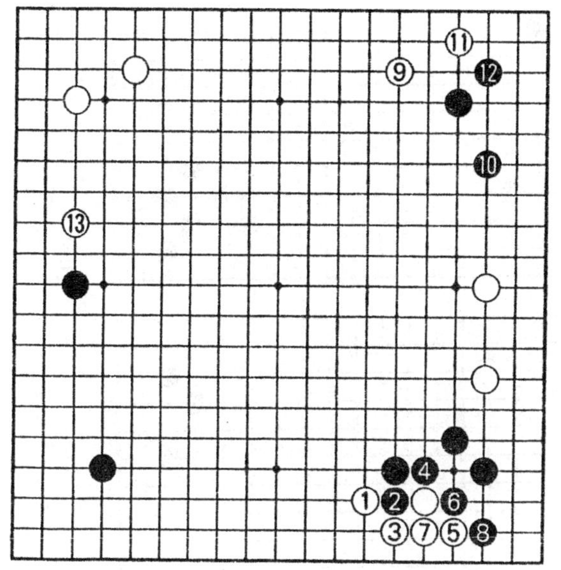

기본도

결점 4 약해져 역전을 당하는 지나친 욕심형

제 1 형
중요한 대비를 생략하면 따끔한 꼴을 당한다

아마츄어 초단끼리의 실전에서 취재하였다.

하변 백 1 의 뜀에서 시작하여 백 13 까지, 백은 여기저기를 두어 바쁘다.

백은 잘 돌아가고 있는 것 같으나 어딘지 약해 보인다. 이런 약한 방법을 쓰면 도대체 어떻게 되는가. 그 결과를 생각해 보자.

이 그림은 너무 쉬울지 모르겠으나 아마의 바둑에서는 이와 비슷한 방법을 아주 많이 볼 수 있다. 확실히 하기 위해 다시 한번 복습해 두자.

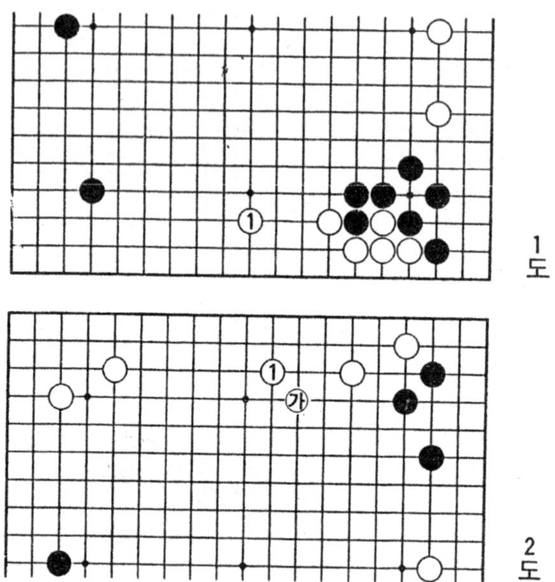

1도

백은 우하귀, 우상귀 모두 중요한 수비의 한 수를 생략하
고 있다.

이대로는 매우 약한 형태. 아무리 선수를 쥐고 다른 곳을
두고 싶다고 해서 이런 수를 빼면 어떤 사고가 일어날지 모른
다.

하변, 백1의 수비가 절대 필요. 이것이 없이는 백의 형태
는 불안하다.

2도

상변에서 말하면 백1 혹은 가 의 벌림.

이것이 있어야 완전한 분기점이다. 확실히 그 분지를 두어
벌고 있는 것 같은데, 그 반동은 반드시 온다.

먼저 하변에서——

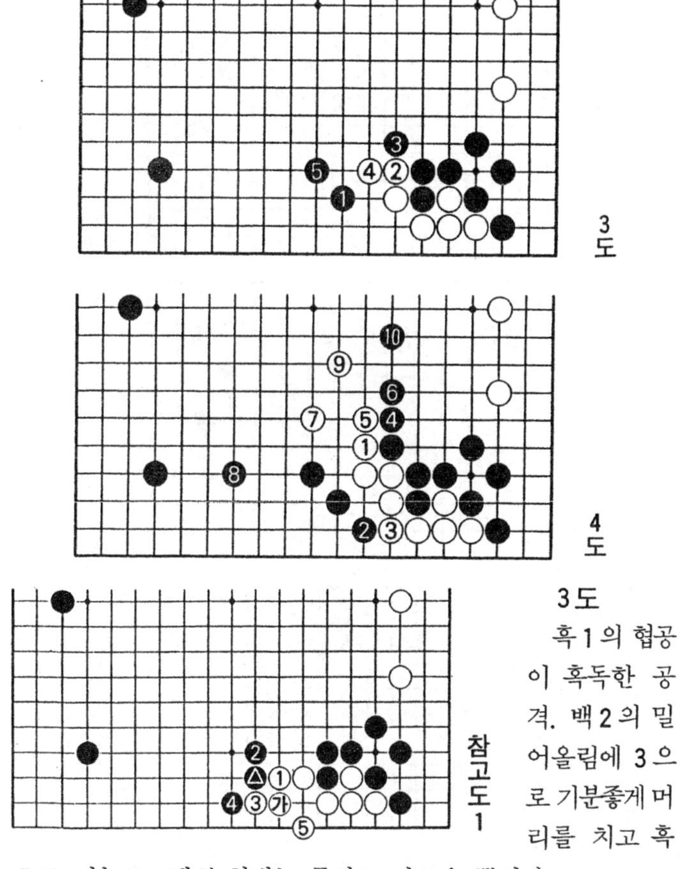

3도

4도

참고도1

3도

흑1의 협공이 혹독한 공격. 백2의 밀어올림에 3으로 기분좋게 머리를 치고 흑 5로 마늘모, 백의 형태는 무겁고 괴로울 뿐이다.

4도

계속해서 백1에서 간신히 탈출. 이렇게 되면 흑 우세.

참고도1

⬤에 백1의 충돌에서 3·5로 두면 백 생생할 뿐이니 얼마나 한심한 노릇인가. 흑2에서는 **가**로 젖히고 끝까지 쫓음.

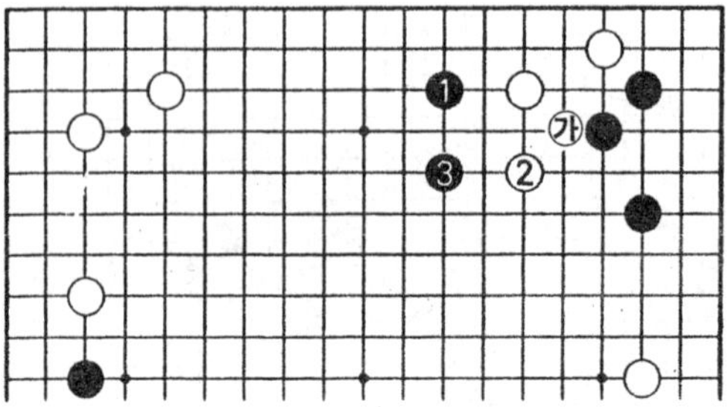

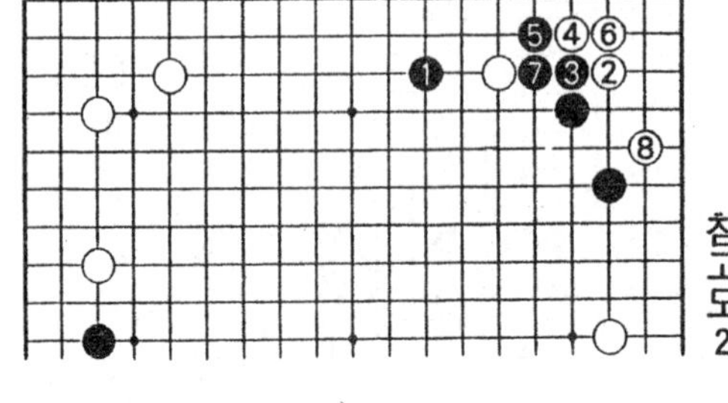

5
도

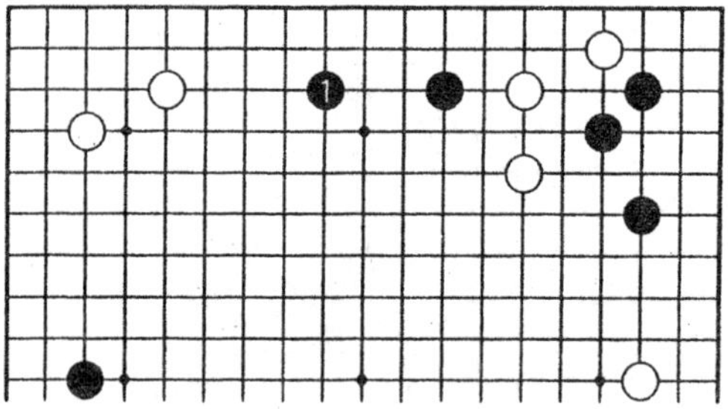

6
도

참고도
2

5도

상변은 백이대로면 시기를 보아 흑1의 협격이 혹독하다. 흑은 주위의 상황에 따라 1·3으로 뛰어 공격해가든지, 아니면 6도와 같이 상변을 수습해올 지도 모른다. 또 백2에서는 가의 마늘모 붙임도 있는데 약한 형태임에는 변함없다.

참고도 2

백의 미끄러짐이 없으면 흑1의 협공에는 3·3으로 대체할 여지가 있다.

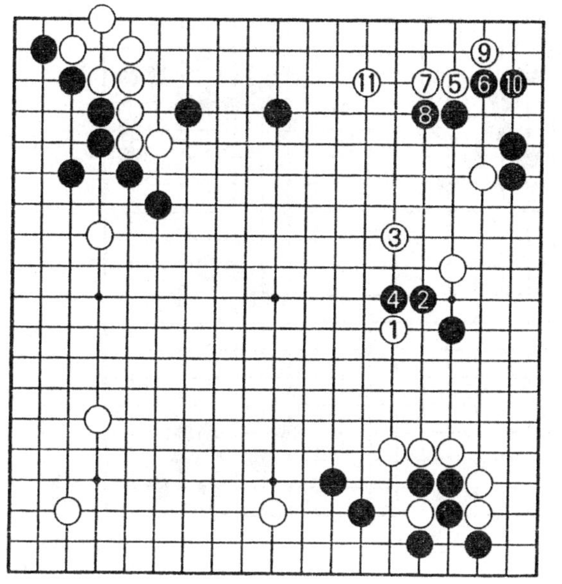

기본도

결점 4 약해져 역전을 당하는 지나친 욕심형

제 2 형

약한 방법은 반드시 반동이 온다

아마 3 단끼리의 대국이다.

백은 우하귀에서 손해를 보고 약간 괴로울 때.

어쨌든 우변을 백은 어떻게든 하지 않으면 안되는데 실전에서는 백 1 의 모자씌움. 흑 2 의 마늘모 내기를 기다려 백 3으로 날일자. 또한 백 5 에서 상변으로 손을 뻗었다.

제법 경쾌한 움직임 같지만 실은 큰 실수. 특히 약한 우변의 큰 돌을 방치한 채 상변으로 들어간 것은 누가 뭐라 해도 지나친 욕심일 것이다.

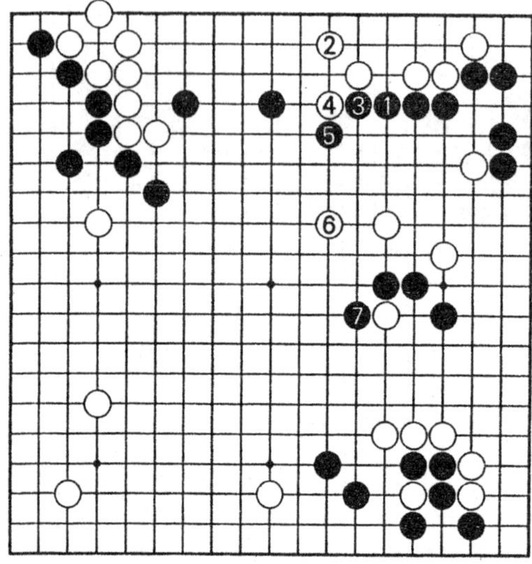

1
도

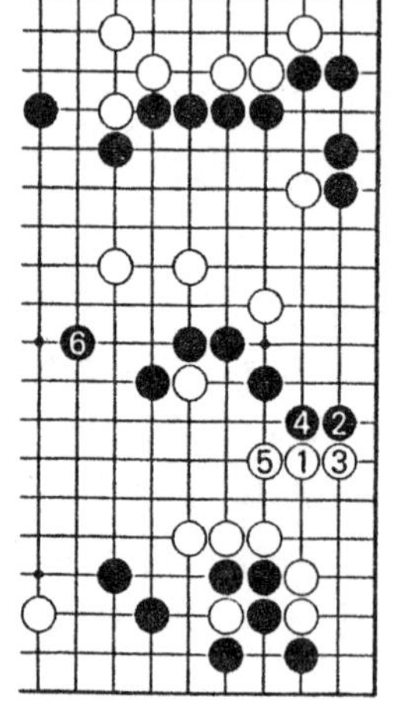

참
고
도
1

1도

기본도의 백은 극단적으로 약한 방법이다. 특히 후에 상변으로 들어간 것이 심하다.

기본도에 이어 흑1이 급소의 뻗음. 백2의 받음에 3으로 누름, 백6의 도주에 흑7의 감싸 버리면 문제없다. 흑은 두터워질 뿐, 백은 언제까지고 돌의 걱정을 하고 있어야만 한다. 여기저기 둔 벌이다.

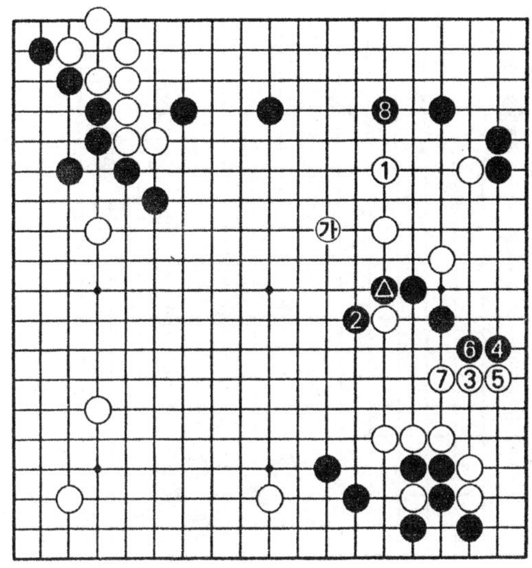

2
도

2도

기본도 ●로 눌렸을 때, 백은 일단 1로 자기돌에 여유를 준다. 아니면 **가**의 뜀도 있을 것이다. 흑2 이하 8까지, 그래도 백 약하고 형세는 좋지 않지만 참는 수밖에 도리없다.

참고도 2

본래 돌의 요령은 ●에 백1로 뛰는 것이지만 이 경우는 흑2로 추격당해 △의 세 점이 점점 약해져 안된다. 계속해서 백가 라면 흑나로 뻗음, 백다 라면 흑라 의 뜀.

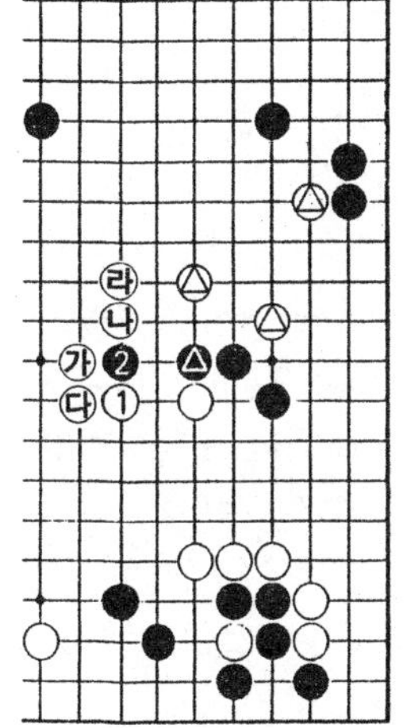

참
고
도
2

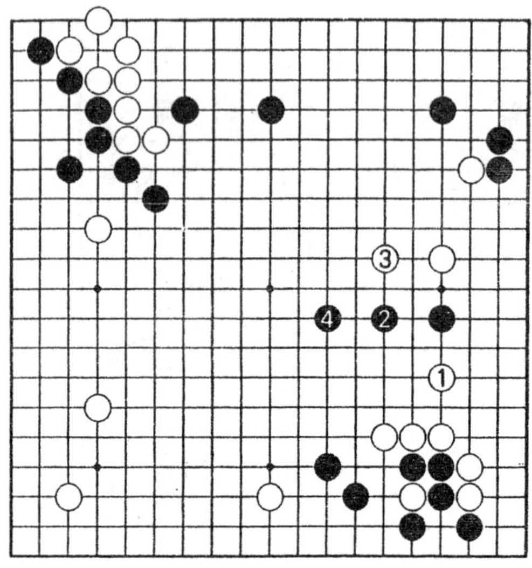

3
도

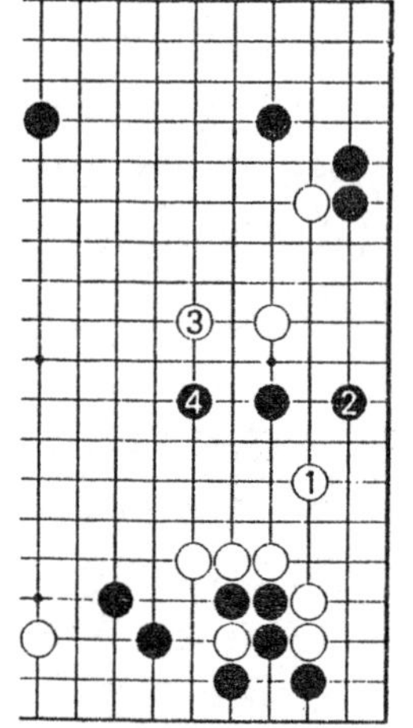

참
고
도
3

3도

기본도의 처음으로 들어가 백은 1로 메워두는 정도일 것이다. 흑 2에 백3으로 병행하여 어쨌든 느긋하게 두는 수밖에 없다.

아아니면 **참고도3** 백1로 낮게 두는 것도 있을 것이다. 백으로서는 일단 우하귀의 돌을 안정시켜 두지 않으면 뒤를 이을 수 없다. 이래도 백은 전체적으로 약한 모양이지만 흑에 결정타를 주지 않도록 얼버무려 둔다.

기본도의 방법은 스스로 무덤을 파는 것과 같다.

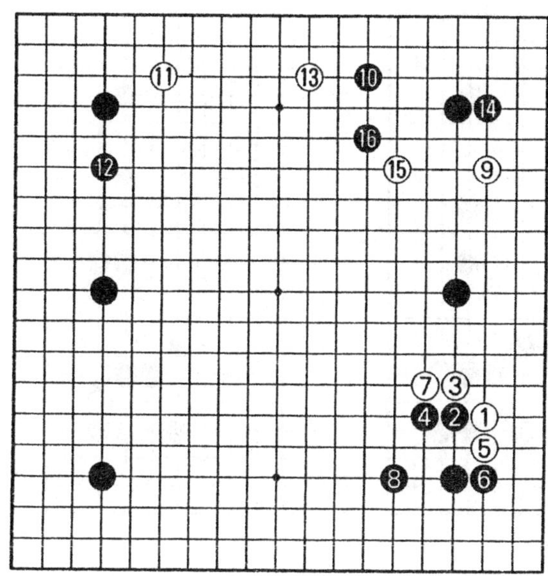

결점 5 상대가 시키는 대로 하는 무저항형

제 1 형

상대를 따라가는 것으로는 승기가 생기지 않는다

　바둑의 패배자 중에서 가장 좋지 않은 것이 질질 끌려 후퇴하고, 그대로 아무것도 안하고 지는 사람이다. 똑같이 진다고 해도 힘껏 자기 나름대로 싸워 그 결과 설령 무운(武運)이 없어 실패하였다고 해도 그것은 기분좋은 패배일 것이다. 그렇지만 싸우지 않고 상대가 시키는 대로 하다가 지면 거기서 얻은 교훈조차 전혀 없다.

　그래서 6점 접바둑을 소재로, 바둑을 패배로 모는 '무저항형' 의 문제를 들어 본다.

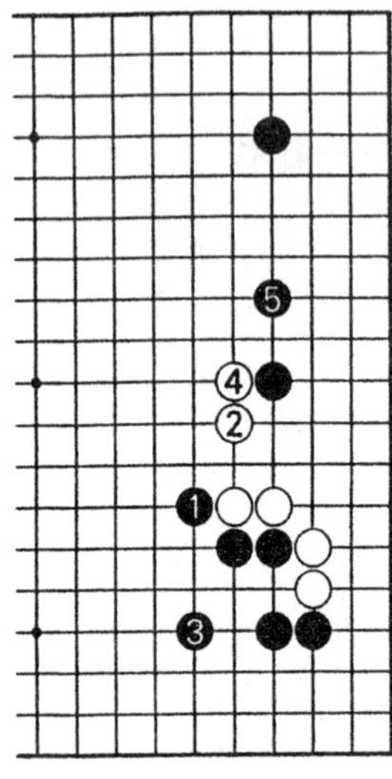

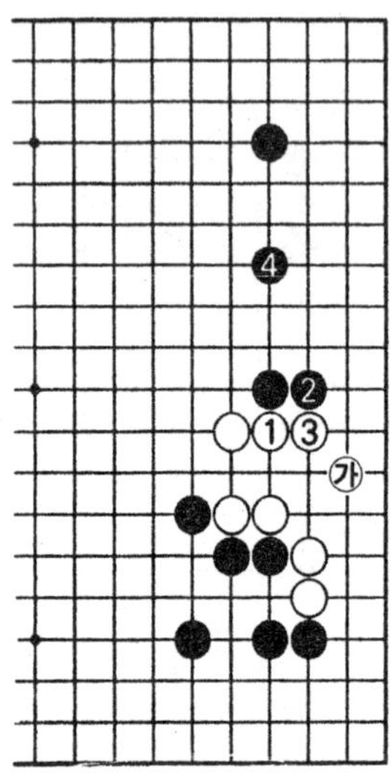

1도

기본도 흑 16 까지 6 점 바둑으로서는 특별히 문제가 없는 것으로 보인다.

그러나 눈에 보이는 악수는 없어도 역시 큰 문제점이 있다. 그 전에 우선 부분적인 것부터 설명하자.

기본도 흑 8 은 견실한 수이지만 이곳은 본도 흑 1 로 절대 젖힐 곳. 이하 흑 5 까지 돌의 움직임은 이렇게 되면 좋겠다.

2도

백 1 로 눌러오면 흑 2, 백 3 을 교환하고 흑 4 의 벌림. 이것은 흑이 좋다. 흑 2 에서 수를 빼면 흑 **가**의 미끄러짐은 곤란하다. 1도, 2도 모두 흑의 흐름은 자연스럽다.

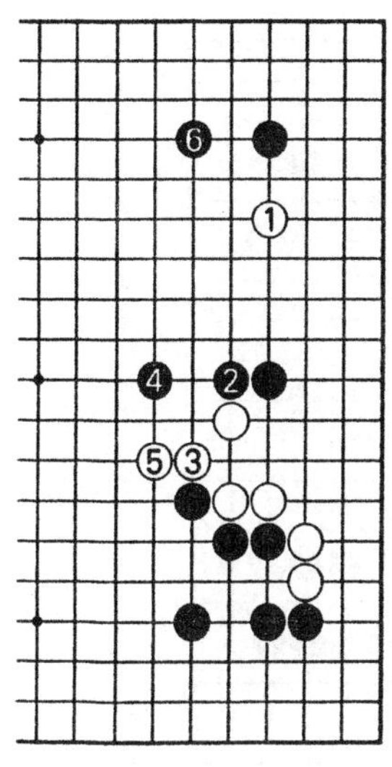

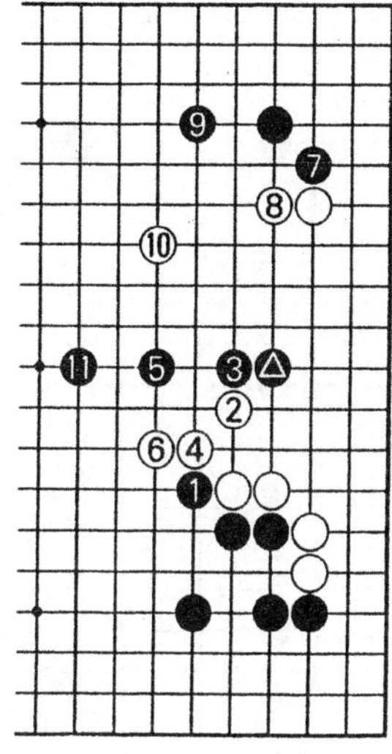

3도

또 백1로 뛰어들어오면 흑2의 밀기가 급소. 백3에 상관 없이 4로 크게 뛰어나가고, 상변 흑6으로 돈다. 흑의 방법 은 조금도 해이함이 없이 정정당당하다.

기본도 흑8의 수비에서는 돌의 생기가 없다.

4도

기본도 백9에 흑 눈목자로 받은 것도 별로 나쁜 수는 아니지만, 여기서는 본도 흑1의 젖힘에서 행동을 일으키고싶 었다. 이하 흑11까지 흑이 전국의 주도권을 쥐고 있는 것은 명백할 것이다.

흑1로 젖힘으로써 우변의 백을 쫓아낼 수 있고, 또 ●한 점도 잘 돌아가게 된다. 기본도와 같이 그대로 남겨 두면 중 요한 접바둑을 놓쳐 버린다.

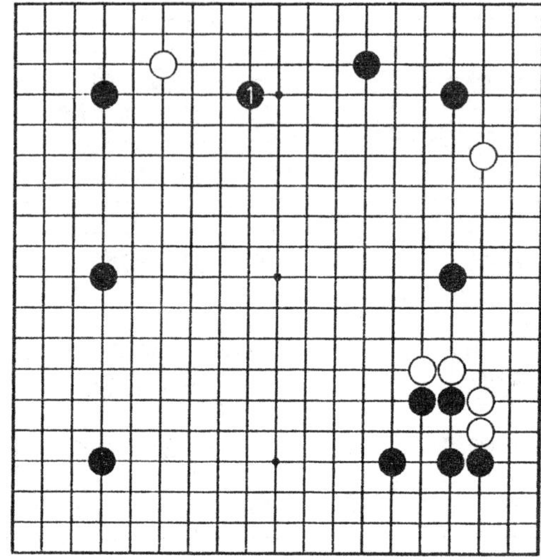

5
도

5 도

기본도 백 11 의 걸침에 흑 12 로
받는 것은 좀 소극적이다. 본도 흑
1 정도에서 협공을 하면 좋겠다.
그 후 **참고도 1** 과 같은 정석을 취
하면 흑은 크게 모양이 결정되어
두기 쉬워진다.

왜 그런가 하면 **기본도**는 그 후,
백 13 의 메움에 흑 14 로 지키고, 백
15에는 흑 16 으로 받는다는 식으로
모두 돌의 흐름이 상대의 수를 따
라가고 있기 때문이다. 백 7 에 대
한 흑 8 도 마찬가지라 할 수 있다.

참
고
도
1

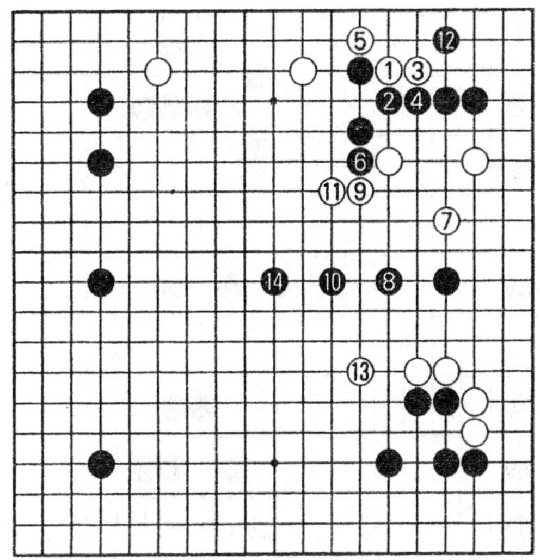

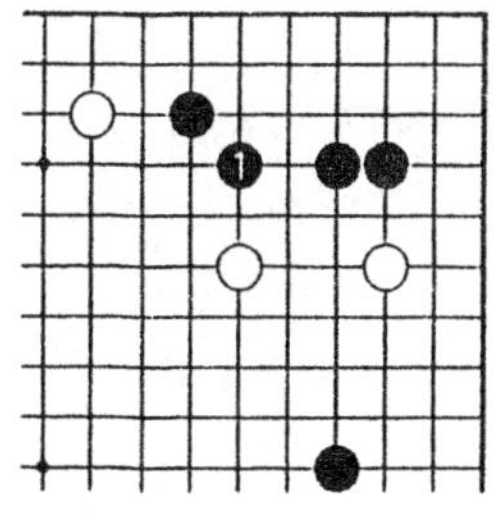

6 도

'기본도의 흑에는 큰 문제점이 있다.' 고 한 것은 바로 이 돌의 흐름에 대해서였다. 부분적인 수의 선악이 아닌 이 무저항 상대를 따라가는 마음가짐에 문제가 있었다.

이 경향은 보기에 나타낸 그 후의 실전의 진행상태에도 잘 나타나 있다.

우상귀의 알맹이를 먹히고 이번에는 백7·9에 흑8·10으로 도망만 칠 뿐. 백11이 오면 흑12는 생략할 수 없고, 결국 백13으로 급소를 선수로 두게 하고 말았다.

흑은 혹독한 악수를 두고 있지 않으나 조금씩 바둑이 되고 있다.

또한 우상귀는 **참고도 2** 흑1의 마늘모가 견실한 받음이다.

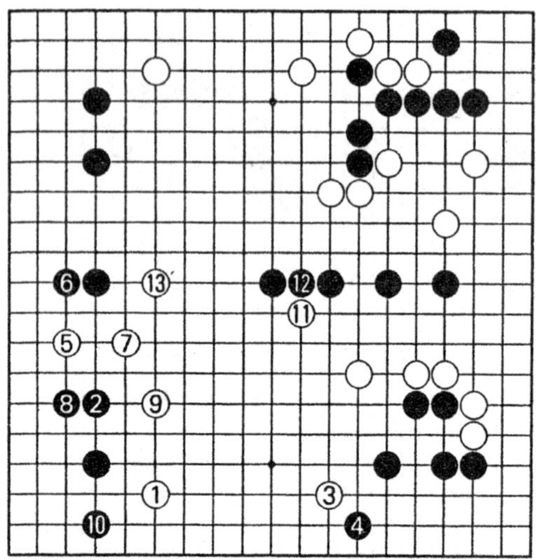

7도

좀더 실천의 진행을 나타내 보자.

백1의 걸침에서 13까지 개시에서부터 불과 수십 수밖에 두지 않았는데 이미 6점 바둑으로서는 흑의 난국이 되어 있다.

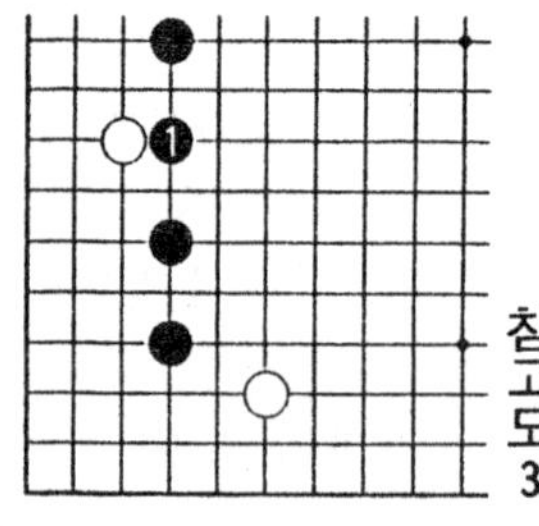

순서 중, 흑6에서는 **참고도 3** 흑1의 붙임이 해이함이 없고, 그 후 하변의 뛰어들기를 볼 때 백7에 흑8도 살아남. 흑9에 뛰어나와야 한다. 그 전의 흑4도 살아난다.

이상에서 본 것처럼 접바둑이라 해도 이렇게 상대의 수를 따라가고만 있으면 이길 수 없는 것도 당연한 것이다. 이런 것은 기력이 비슷한 사람끼리의 맞바둑의 경우에서도 같다고 할 수 있다. 이 바둑도 결국 백의 8집 승리로 끝났다.

제 2 장

당신은 어떤 기풍인가

이곳을 고치면 위력배가

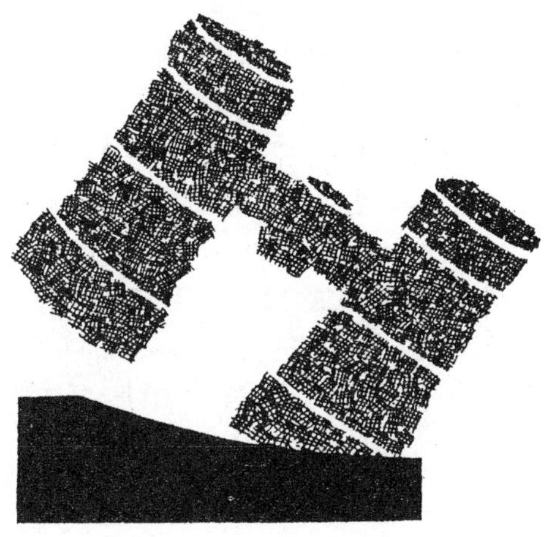

이 장의 포인트

앞 장에서는 바둑을 둘 때 아마츄어가 빠지기 쉬운 경향을 다섯가지로 분류해 보았다. 이 장에서는 그것을 바탕으로 아마츄어의 여러가지 기풍을 살펴보기로 한다.

'이런 국면이 되면 나는 강하다' 하는 자신이나 '아무래도 이런 타입은 질색이다' 하는 생각은 누구에게나 있는 일이라 생각한다. 요컨대 제각기 특징과 버릇, 궁합이 생기기 마련이다.

가장 이상적인 것은 어떤 상대든지, 어떤 바둑이든지 걱정하지 않는 만능 올라운드 플레이어가 좋겠지만 좀처럼 그리 잘 되지는 않기 마련. 어딘가 치우치기 마련이다.

그러므로 자기 나름의 장기를 찾아내어 조금이라도 자신의 승리의 패턴을 몸에 익히는 것이 가장 실전적이 될 것이다. 그런 의미에서 이 책에서는 여러가지 기풍을 네가지의 형으로 나누어 각각 적절한 한마디 어드바이스를 더하였다. 이것으로써 자기 나름의 기풍을 더욱 연마하길 바란다.

또한 이 네가지로 나눌 수 없는 갖가지 기풍도 있지만—— 예를 들면 진리탐구형, 경멸, 재촉형 등—— 대부분의 아마츄어는 이상의 네가지에 들어가리라 생각한다. 따라서 소수의 특이형은 생략하였다. 또, 기풍 2 의 '큰모양형'은 말할 것도 없이 나의 장기형. 그래서 이것만은 후에 다시 할애하여 (제 4 · 5 장) 특별히 상세히 소개해 두었다. 참고하길 바란다.

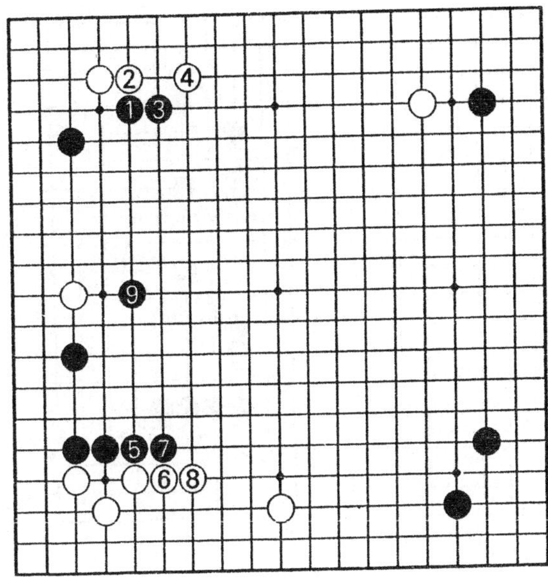

기풍 1 공격일변도형

제 1 형

겉보기는 용감하지만 실은……

아마 고단끼리의 실전이다.

지금 혹은 상변 1·3의 걸침을 정하고, 이번에는 5·7로 하변도 주저없이 밀고 9의 모자씌움, 바로 큰수를 열어 놓은 것이다.

여기까지의 방법은 그 나름의 일관된 구상이 있고 선악(좋고나쁨)을 무시하더라고 호감을 가질 수 있다. 그러나 이 공격의 구상을 실현해 가는 작업에 크게 문제가 있을 것 같다. 그럼 그 문제점이란——

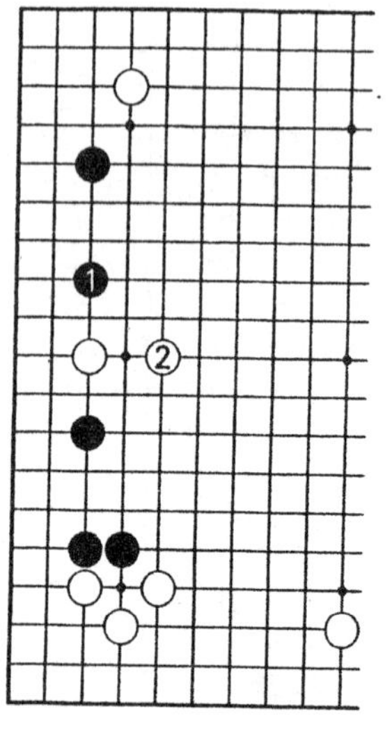

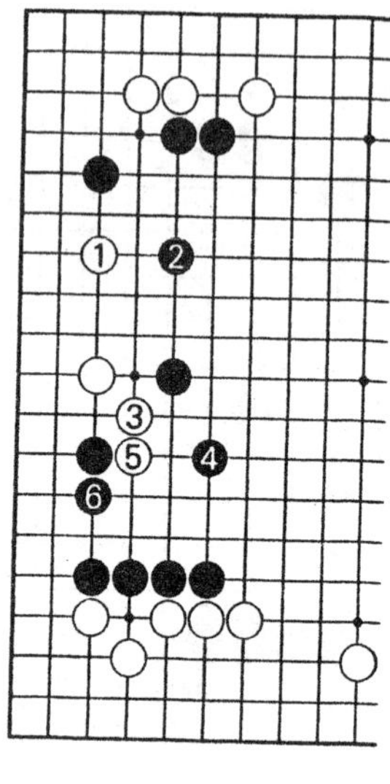

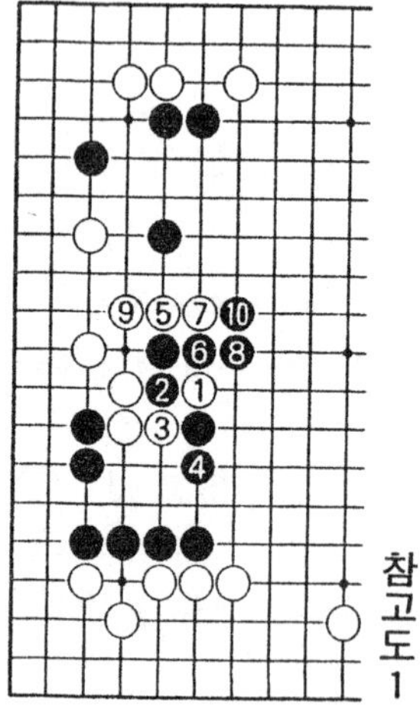

1도

기본도 흑1에서 본도 흑1로 두 칸으로 벌리는 것은 상식적인 발상. 요점이긴 하지만 백2로 뛰어 흑 묘안이 없는 느낌이다. 그 의미에서도 기본도의 흑의 방법으로는 맥이 통하고 있다.

2도

실전의 진행에서는 백1로 벌리고 흑은 2의 봉쇄. 백3에서 머리를 내밀지만 계속해서 참고도 1과 같은 진행이 되며 흑의 공격이 성공하게 되었다.

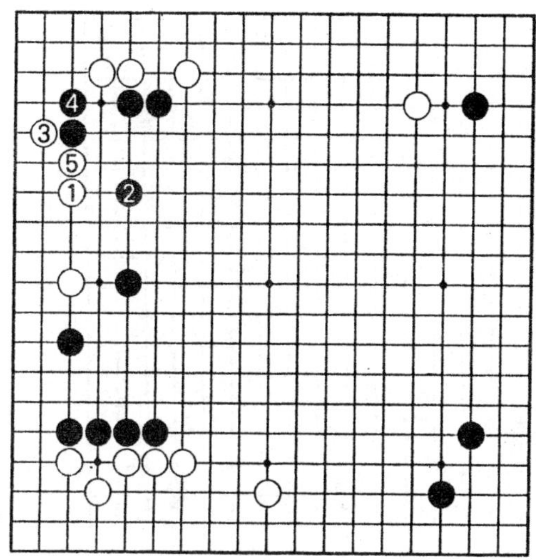

3
도

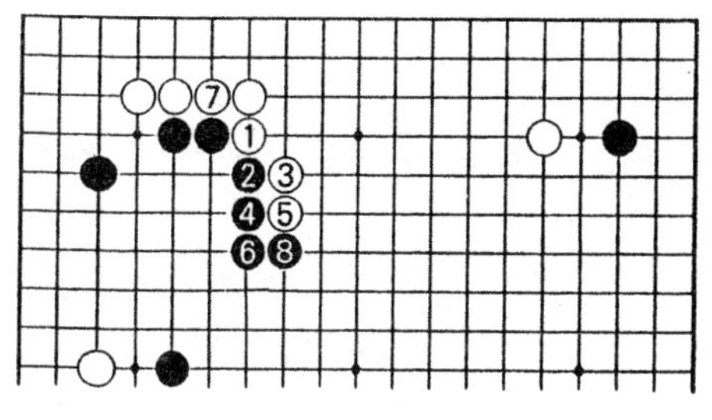

참고도
2

3도

2도와 같이 흑이 일부러 집 의 손해를 보 면서까지 굳어 진 벽 속에서 애태우는 것은

이득이 아니다. 좌변에서 싸우면 흑의 두터운 맛이 작용하게 되기 때문이다.

3도 백3으로 붙이는 것이 수습의 맥. 흑4에 백5로 충돌, 이곳만은 살리는 것이 좋다. 이렇게 해서 흑의 모처럼의 세력이 작용 못하고 흑의 나머지 모양이 된다. 단 **참고도 2** 백 1로 미는 것은 안된다. 흑집이 너무 크다.

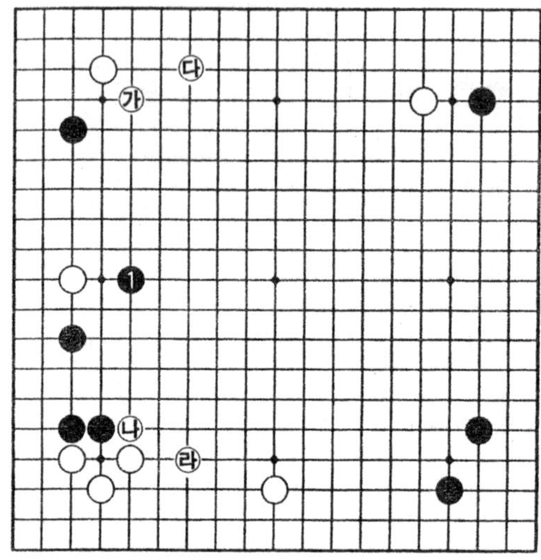

4 도

그럼 처음으로 돌아가 흑은 어떻게 좌변을 공격하는 것이 효과적인가.

흑1로 단지 모자씌움 하는 것이 좋은 수이다. 약간 착상이 비약된 듯 생각되지만 근본적 구상은 **기본도**와 같다. 단, 바로 흑**가**의 걸침이나 **나**의 밀기를 정하지 않을 뿐이다. 현실로 손이 되는 수는 가능한 한 두지 않고 상대의 태도에 따라 대응책을 정하는 유연한 생각이 이면에 있기 때문이다.

가 나 나를 정하지 않으면 상황에 따라서는 상변은 흑**다** 부근에서의 협공과 하변 **라**의 뛰어들기를 노릴 수 있다.

같은 공격이라도 단조로운 공격이 아니라 이러한 상대의 태도에 따라 변화할 수 있는 폭넓은 발상이 중요하다.

기본도와의 차이를 잘 새겨 두기 바란다.

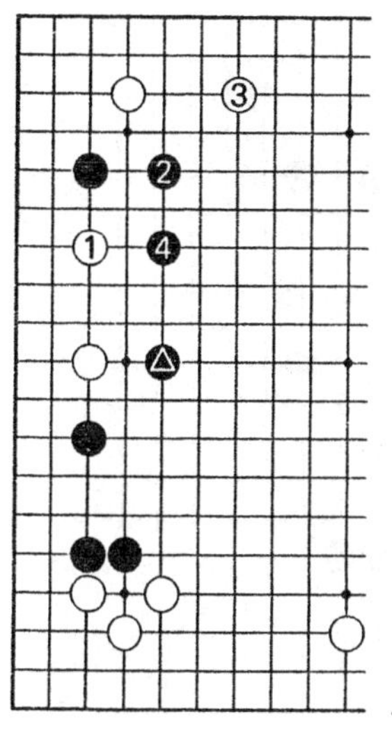

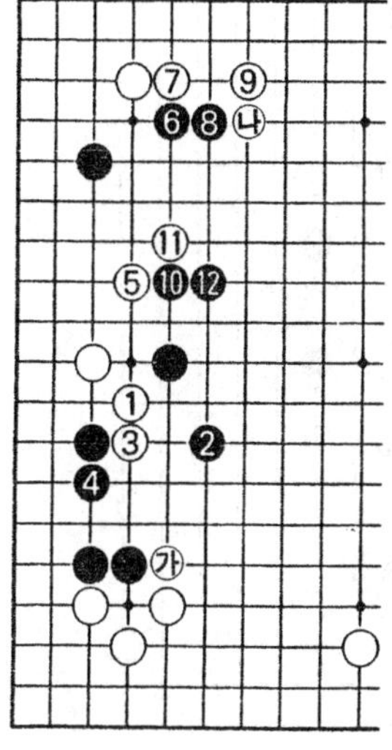

5도

6도

5도

그럼 실제 ●의 모자씌움으로 어떻게 되는지, 그 변화를 간단히 살펴 보자.

6도

백1·3으로 마늘모해 오면 흑2의 날일자에서 4의 벌림. 흑가에서의 밀기가 통하므로 하변은 이 이상 나갈 수 없다. 흑도 최대한 손해보는 수는 두지 않고 그 효과를 지켜보는 것이 비결이다.

이어서 이번에는 위쪽을 백5로 머리를 내밀어도 흑6의 걸침에서 10·12까지 흑 좋다. 흑4에서의 밀기가 통하는 이상, 백 상변은 둘 방법이 없다. 특히 백5로 왔을 때 흑6으로 걸치는 것이 돌의 리듬이라는 것이다.

정말 이상적인 공격의 호흡이었다. 같은 공격으로 해도 이 돌의 흐름에 맞는 호흡이 중요하였다.

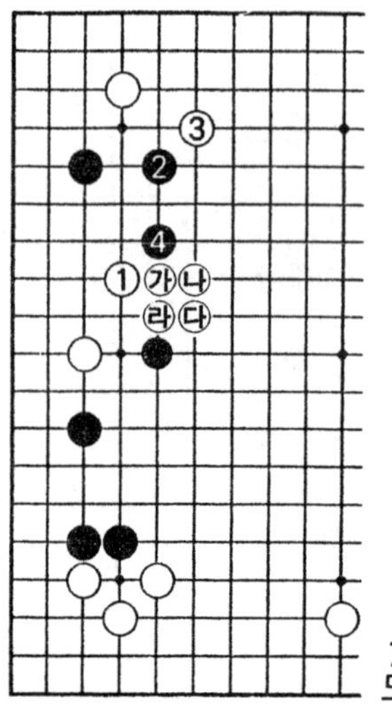 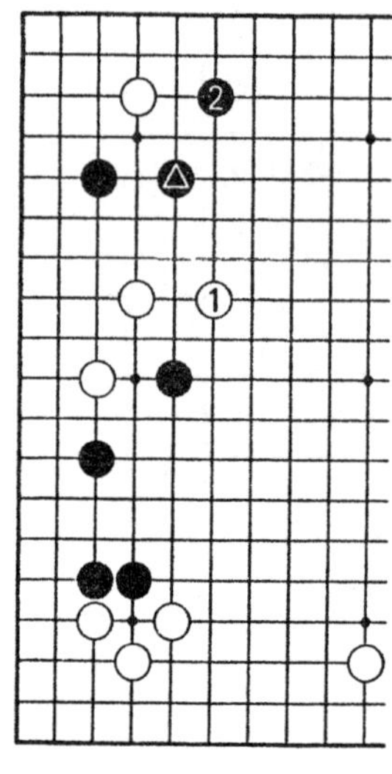

7도
도

8도
도

7도

하나 더 변화도를 들어 보자.

백1로 오면 어떻게 할까. 이 수가 백으로서도 있을 법한 수인데 여기에는 흑2의 뜀에서 4로 걸치는 것이 견고한 착상.

이어서 백가의 밀기라면 흑나의 누름, 백다의 젖혀내기라면 흑라의 끊음까지이다.

흑2에서 바로 4로 거는 수가 성립하면 흑은 좋겠지만, 그것은 과연 백가로 저항하여 어려울 듯 하다.

8도

●에 백1로 뛰어나오면 흑2로 좌상귀를 제압하여 문제없다.

7도의 흑2·4도 백이 1로 왔을 때 비로소 태도를 정하는 돌의 호흡이다.

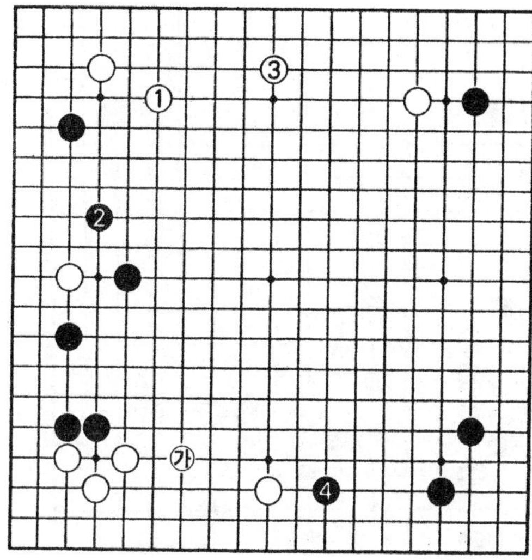

9
도

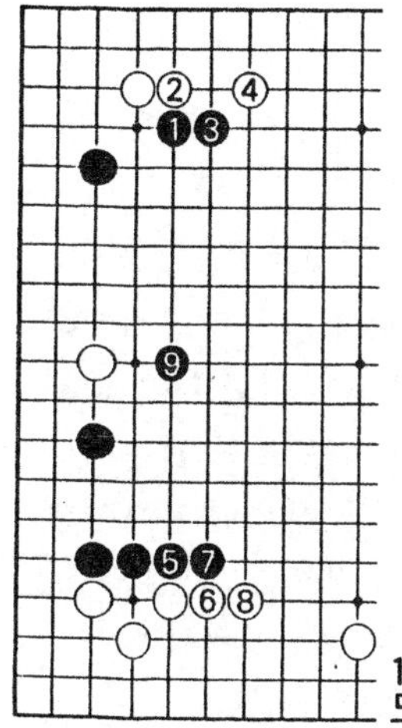

10
도

9도

결국 백으로서는 단지 백 1 의 날 일자로 두어 상태를 지켜볼 지도 모른다. 그러나 그렇다면 흑 2 로 백 한 점을 제압하여 흑의 선제공격의 면목이 설 것이다. 이 진행이라면 이 후 흑에서 **가** 의 뛰어들기가 견고한 표적으로서 남는다. **10도**(기본도 재게)와 **4도** 및 본도가 얼마나 다른지 다시 한번 확인해 보라.

같은 공격의 기풍, 방법이라 해도 이 만큼 차가 있다는 것을 알게 되었을 것이다.

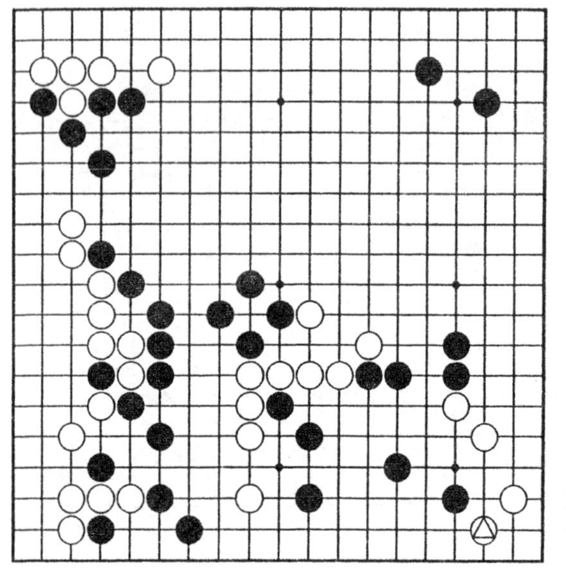

기풍 1 공격일변도형

제2형

프로기사에게 배우는 공격의 테크닉

이번에는 프로 최고봉끼리의 실전에서.

보통 아마의 공격은 직선적이지만, 프로의 공격은 곡선적이라고 하는데, 실제 프로 고단자의 바둑은 부득이한 일이 없는 한 따고 빼앗기고 하는 공격 일변도의 방법은 쓰지 않는다. 공격하면서 부수입을 꾀하거나 두터운 벽을 집으로 전화시킨다. 이러한 고도의 테크닉이 공격 안에도 작용하고 있다.

그럼 **기본도** △와 우하귀를 마늘모했을 때, 집에서는 이미 큰 차의 형세이다. 그러나 흑은 전체적으로 두텁다.

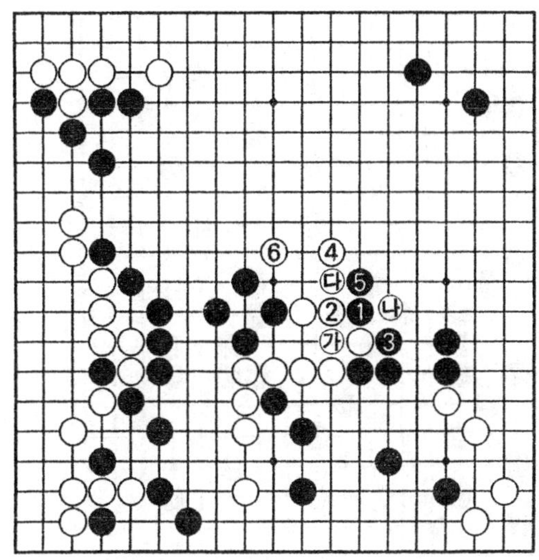

1
도

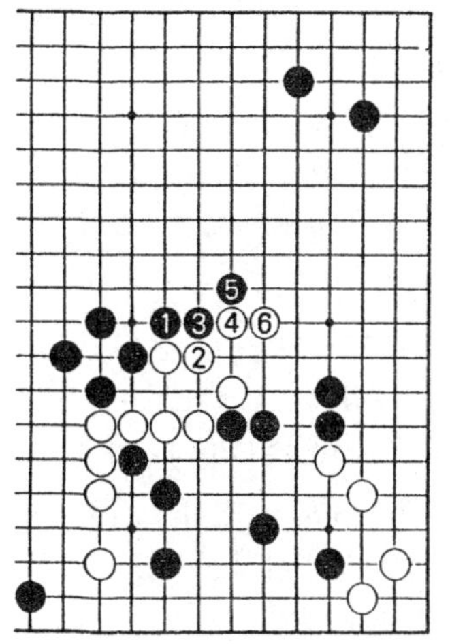

참
고
도
1

1 도

혹으로부터의 공격의 제
1탄은 1의 붙임이다. 이것
이 백의 중심을 빼앗는 견
고한 공격의 맥. 이 수에서
참고도 1과 같이 두는 것은
공격이 되지 못한다.

백 2 에서 3 으로 나오는
것은 혹가 의 끊음에서 **나**
의 조름. 백 2 는 도리없고
혹 3 에 백 4 · 6 도 이런 것.
백 4 에서 5 로 맞대는 것은
혹가 의 선수 뺏기에서 **다** 의
끊음이 있어 백 안된다.

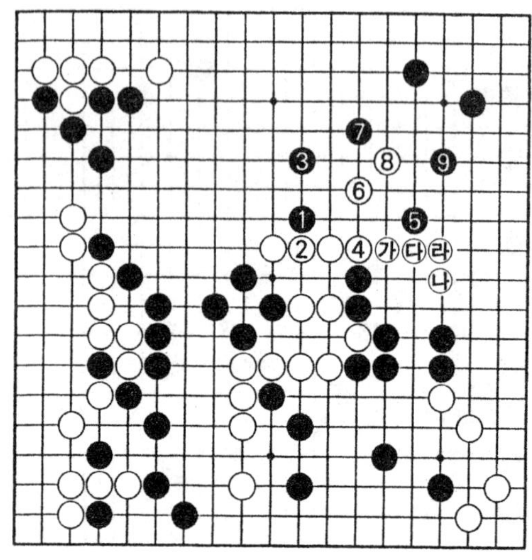

2도

2도

이어서 흑1의 엿보기에서 3으로 한 칸 뜀, 끝까지 공격의 수를 늦출 수 없다.

백은 우선 4로 오른쪽으로 나왔으나 다음의 흑5로 떨어져 받은 것이 당연히 교묘한 수. 이것으로 참고도 2와 같이 두는 것을 백에게 자연히 만들어준다. 본도 흑5에 백가 라면 흑나, 백다 라면 라의 젖힘으로 맞으려 한다. 백6·8에 흑7·9로 자연히 공격해 가 어느틈엔가 우변에서 우상귀에 걸쳐 큰 모양이 생겨났다

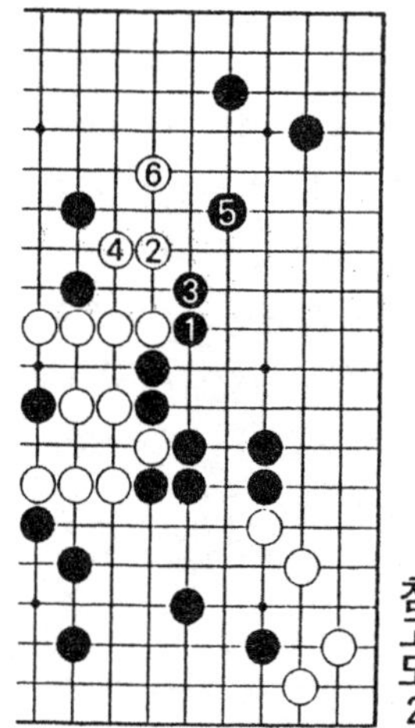

참고도 2

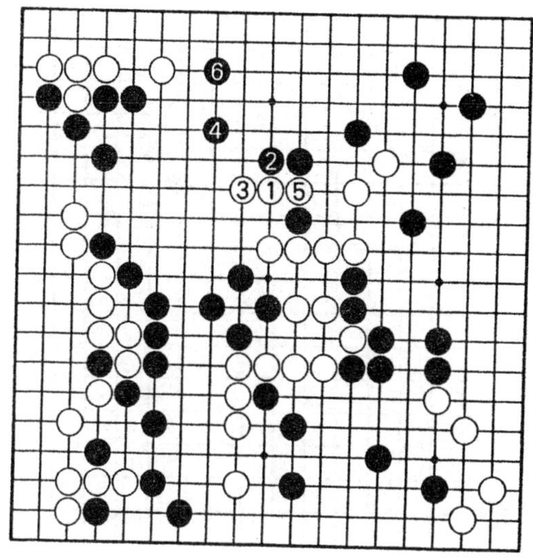

3
도

3도

백 오른쪽 위 방면은 이 이상 출구가 없으므로 이번에는 왼쪽으로 활로를 찾는 수밖에 없다. 백1로 엿보고 백은 중심을 찾는다. 여기서 흑은 5로 바로 잇지 않고 2에서 4로 날일자 한 것이 확실한 응수였다. 백5로 흑 한 점을 물고겨우 살아났을 때 흑6으로 상변에 빗장을 지른다. 눈깜짝할 사이에 상변에서 우변에 걸쳐 방대한 흑집이 출현한다. 한편 백은 두 집 만들었을 뿐이다. 정말 이상적인 흑의 공격이었다. 흑 2, 흑은 4에서도 5에 붙어 백을 공격하는 것은 가능하지만 너무 몰아세우면 무엇이 일어날지 모른다. 흑은 공격의 효과를 충분히 살려 단단히 걸어 잠근 것이다.

이제 완급의 교묘한 공격을 알 수 있을 것이다.

실은 이 흑은 藤沢秀行 9단이었다.

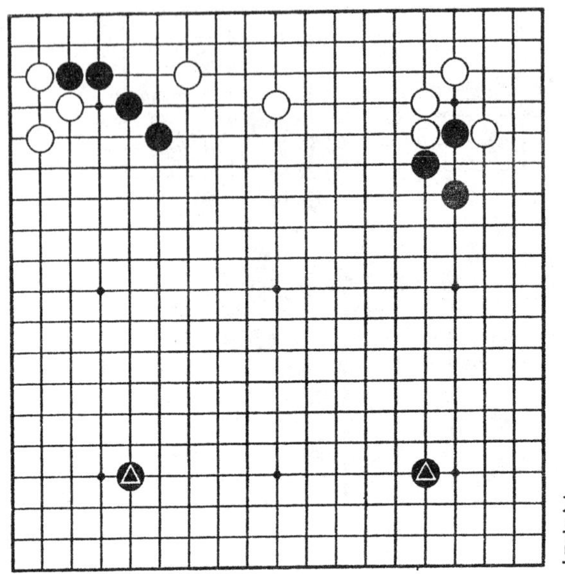

기
본
도

기풍 2 구상웅대(構想雄大) 큰모양형

제 1 형

약간 틀을 벗어나도 기본선을 벗어나지 않으면 성공한다

아마 중에는 큰모양을 좋아하는 사람이 많다. 누구든지 즐길 수 있고 무엇보다도 귀찮은 정석을 기억할 필요도 없는 것이 좋을 것이다.

기본도의 포석에서 포인트는 하변의 ● 두 점의 배치이다. 그것을 고려하여 흑은 상변을 어떠한 구상으로 둘까. 또한 이 큰 모양 작전은 나중에 4장, 5장에서 다시 자세히 이야기한다. 참고하길 바란다.

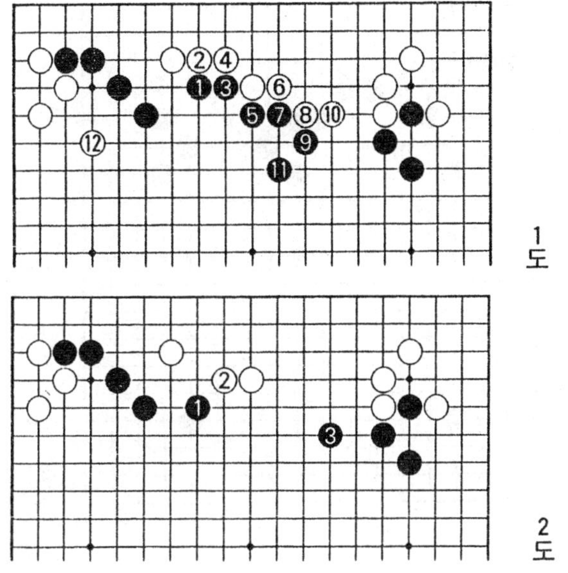

1
도

2
도

1 도

실전에서는 흑1의 걸침에 11까지 쭉쭉 밀어붙였다. 통속적인 방법이지만 흑의 맥은 일관되어 있다. 끝까지 하변의 흑의 고목과 호응하여 중앙으로 세력을 만들려는 것이다.

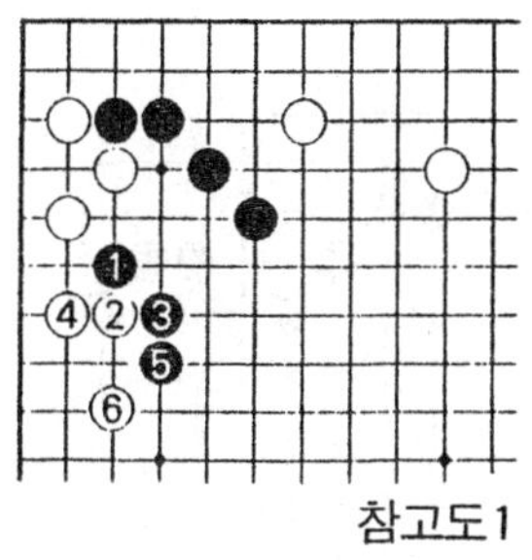

참고도 1

2 도

단 1도 흑1에서는 본도 흑1의 한 칸 뜀이 스마트하다. 백2의 받음에는 흑3의 뜀이 호점이 된다.

참고도 1

흑은 부분적으로는 흑1의 급소에 붙는 것을 생각할 수 있다. 흑5까지라면 보통의 진행이었다.

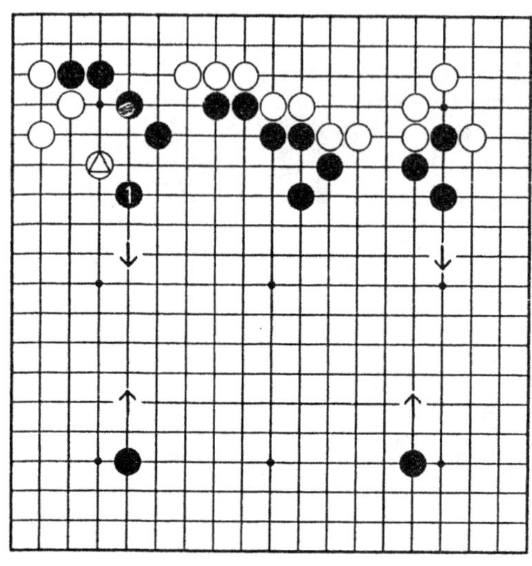

3
도

3도

이어서 흑1의 걸침이 이 한 수라고도 해야 할 절호점이었다. 이 흑 한 수로 단숨에 중앙으로 세력을 넓히고 있다. 1도에서 만든 흑의 벽에 생기가 생겼다. 화살표로 나타낸 흑의 세력이 하변의 ⬤와 호응하여 판에 무언의 위력을 가하고 있다.

참고도 2

3도 ⬭에서는 백1로 대비하는 것이 이 경우의 수였다. 이것이라면 흑에게 기회를 주지 않는다

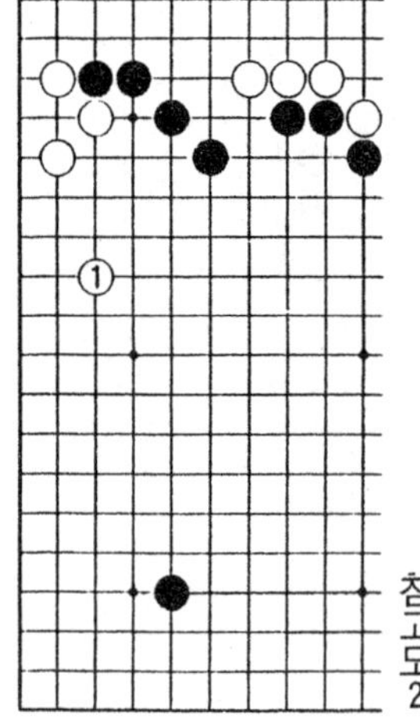

참
고
도
2

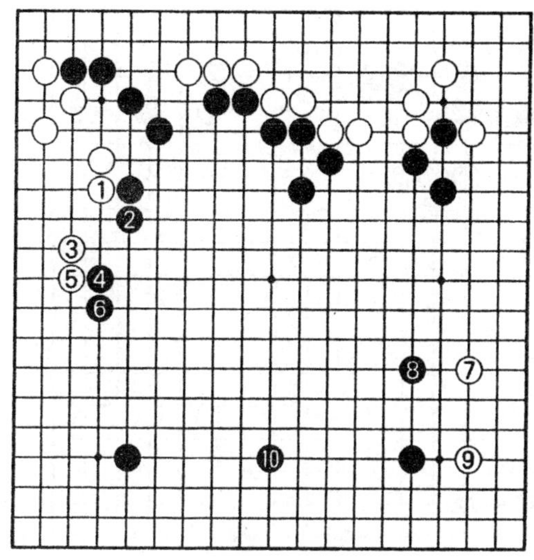

4
도

4도

그 후의 실전의 진행이다. 흑10까지 중앙으로 흑의 큰모양이 출현한다.

기본도에서 이 **4도**까지 흑의 방법은 중앙으로서의 지향이라는 점에서 일관하고 있다.

중앙지향, 큰모양 작전을 노린다면 이하의 점을 포인트로 들 수 있다.

1, 자신의 처음 느낌을 소중히 한다. 2, 처음부터 집을 둘러싼다는 생각을 너무 갖지 않는다. 3, 작은 것에 신경쓰지 않고 가능한 한 바둑판을 크게 보도록 한다. 4, 상대의 바둑에 영향을 주는 착수가 좋다. 5, 침입해온 상대의 돌은 과감하게 공격한다. 6, 그 결과에 따라 상대의 집으로 크게 먹어 들어가느냐, 그 밖에 세력을 만드느냐의 유연한 사고의 전환을 잊지 않는다.

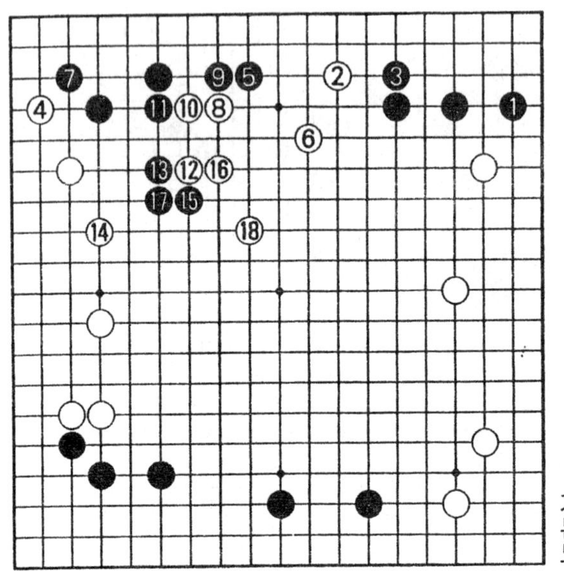

기풍 3 빈틈없는 진실형

제1형

빈틈없이 두는 것과 완착은 종이 한 장의 차이

끈기있고 견실한 성격을 가진 사람 중에는 바둑도 빈틈없고 견실하게 두는 타입이 많다. 돌이 확고하여 좀처럼 무너지지 않는다. 수비의 수를 우선하고 실리를 좋아한다. 그 반면 자칫하면 돌이 뻗어나가지 못하게 되어 바둑에 뒤지는 수가 있다. 부분은 확실해도 전국적인 밸런스 감각에는 약하다.

기본도는 젊은 프로 기사와 아마 강호의 두 점 바둑이다. 흑1의 뜀에서 백18까지. 이 흑은 빈틈없는 형의 기풍의 소유자와 같다. 따라서 견실하게 두고 있으나 백18까지 어쩐지 폭넓은 바둑이라는 느낌은 들지 않는다.

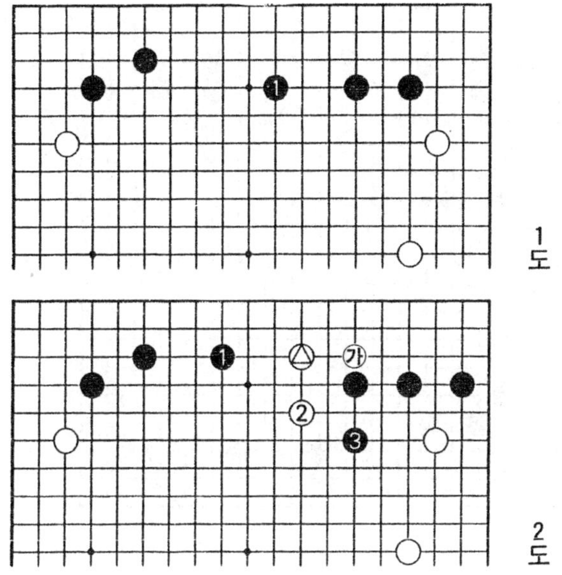

1도

기본도까지의 진행은 보통이지만 그곳에서 흑의 기풍이 나온다. 기본도에서 말하면 흑1의 뜀, 마찬가지로 3의 내림, 좌상귀 7의 마늘모 등이 고정집 우선의 빈틈없는 수이며 또 흑9에서의 받음도 견실함이 나타난 방법이라 할 것이다.

우선 기본도 흑1이 상당히 귀에 구애된 수이다. 본도 흑1로 상변으로 대비하고 있는 편이 폭넓은 태도이다.

2도

계속해서 ⊚의 뛰어들기에 기본도 흑가로 내린 것이 전형적인 빈틈없는 수. 그러나 아무리 그래도 이렇게 지키는 것은 너무 지나치다. 본도 흑1로 협공, 백2에 흑3으로 뛰어 나오는 편이 훨씬 본격적인 방법. 기본도의 흑은 너무 빈틈없이 두어 돌이 뻗어나가질 못한다.

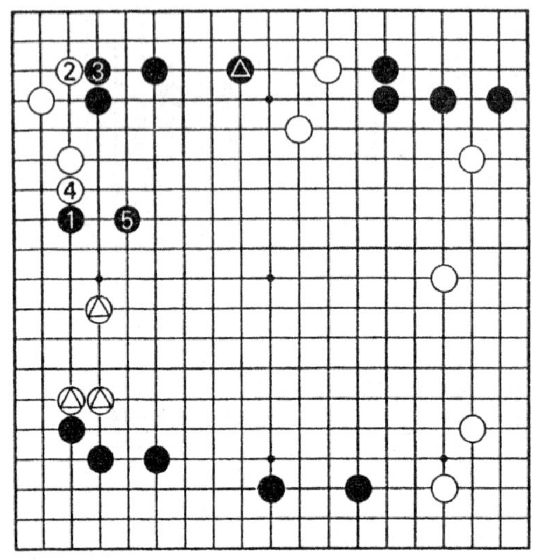

3도

다음으로 기본도 흑7 (본도 2)이 문제. 이 수는 우상귀의 흑의 방법보다 나쁘고 확실한 완착이다. 여기서는 본도 흑1 로 좌변으로 뛰어드는 한 수. 이하 흑5 까지의 좌변에 쐐기 를 박고 좌변의 ◎ 석 점을 노려 흑은 국면을 리드하고 있다. 상변의 흑은 이미 ● 의 벌림이 있어 안정되어 있으므로 구애 될 필요는 없다.

기본도의 흑 3·3 받음은 너무나 집에 구애된 수. 빈틈없 이 착실하게 두려고 한 생각이 이런 집에 편중하는 단점을 낳 는다.

바둑은 지키고 있는 것만으로는 이길 수 없다. 빈틈없이 두 는 것은 좋지만 때에 따라서 강하게 반격하는 마음가짐이 중 요한 것이다. 그것이야말로 진정한 의미에서의 빈틈없이 두 는 타입의 힘이다.

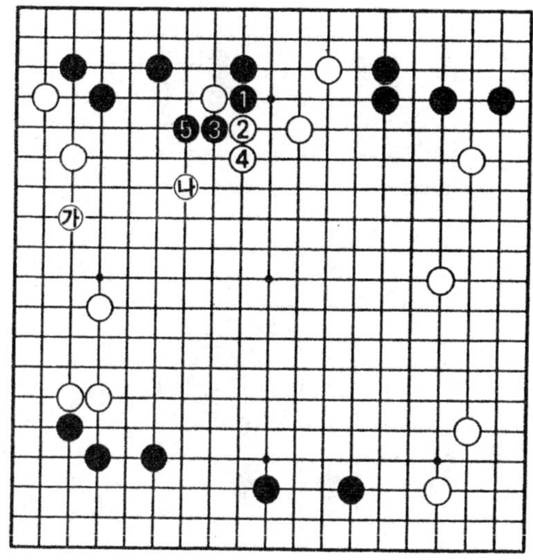

4
도

4 도

좌상귀의 절충으로 **기본도** 흑 9 의 받음도 일관된 견실함이 나타나 있다. 여기서는 본도 흑 1 에서 3 ·5 의 반격도 충분히 생각할 수 있 다. 다음에 **흑가** 의 뛰어들기나 중 앙 **나** 의 뛰어나감을 살펴본다. 이 것이라면 **기본도**와 같이 백에게 좌 우로 두게 하는 일은 없었을 것이 다. 흑 9 로 받으면 흑 좌변으로 뛰 어들기 어렵다. 예를 들면 흑 13에 서 **참고도**와 같이 두는 것도 백 2 에서 4 로 평이하게 응할 수 있다.

참
고
도

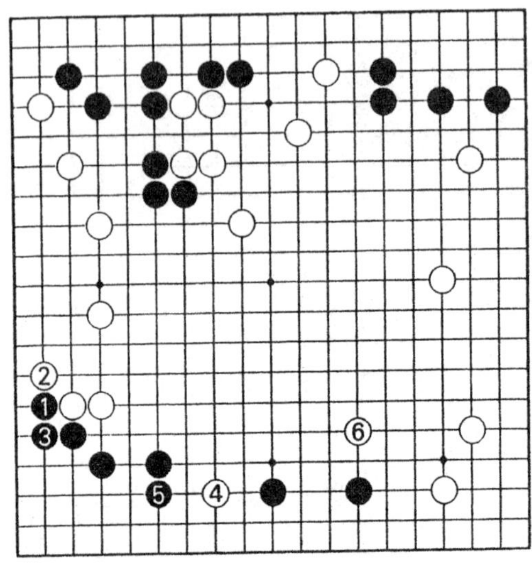

5도

기본도에 이은 실전의 진행을 나타낸다. 흑은 이어서 1·3의 젖혀이음. 끝내기로서는 최대의 수이나 수비의 수임에 틀림없다.

백4로 뛰어들고, 흑5로 피신(이것도 견실하다), 백6으로 우변을 넓히게 하여 이미 흑이 이기기 힘든 바둑이 되어 있다.

이상의 진행에서 빈틈없는 착실형이 주의해야 할 점은 1, 견실하게 두어도 돌의 효과, 필요성을 살펴 밸런스를 취할 것. 2, 너무 고정집에만 편중하지 말 것. 3, 싸울 수 있는 곳에서는 과감하게 싸울 것. 4, 그때는 상대의 옅은 벽을 만들게 할 것 등을 들 수 있다.

원래 견실형의 기풍은 쉽게 돌의 모습이 깨어지지 않는 것이다. 이 기본도의 예를 교훈으로 하여 활용한다면 승률은 더욱 오를 것이다.

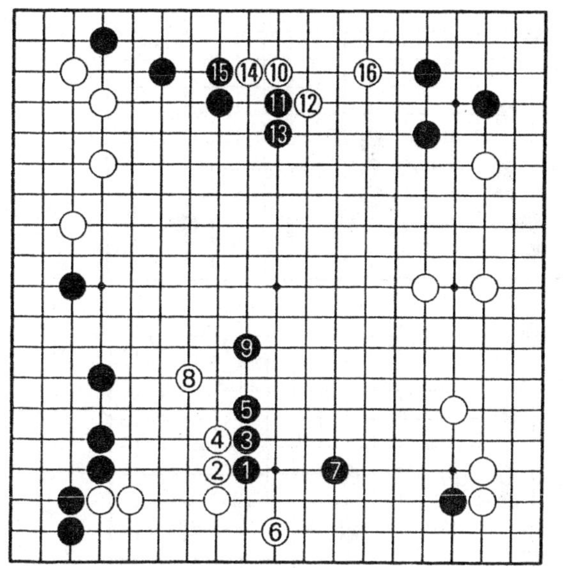

기본도

기풍 4 교과서형

제 1 형

부분을 그대로 받아들이는 나쁜 버릇

아마 유단자 중에는 간혹 아주 빈틈없이 두고는 있지만 어딘가 형에 맞춘, 틀에 박은 듯한 바둑을 두는 사람이 있다. 이타입의 사람은 보통 책을 읽어 열심히 공부하고 있다. 그러나 하나의 고정적인 형에 매달려 자기 나름의 자유로운 발상이 약하다.

종래의 정형에 매달리는 일 없이 임기로 둘 수 있게 되면 그 사람의 기력은 훨씬 오를 것이다.

기본도는 아마 3단끼리의 실전에서이다. 언뜻 보기에 흑의 방법은 정연하게 보이나 실은 여기에 함정이 있다.

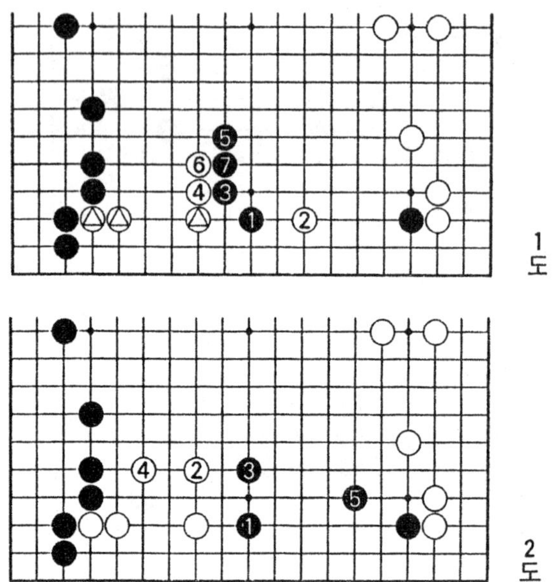

1도

먼저 **기본도** 하변의 절충의 문제점부터 들어 보자.

포석은 서로 확실하다. **기본도** 하변 흑의 어깨붙임에서의 수는 오른쪽 아래 방면 일대의 백의 모양을 없애고 정석대로 진행하려는 것으로 보인다. 그러나 이것은 잘못이다. 백이 하변을 안전하게 한 뒤 상변으로 뛰어들면 분명 형세 유리하다.

이곳은 **1도** 흑1로 강하게 뛰어들 곳. △의 석 점이 약하므로 그것을 노려야 한다. 백2로 협공해 오면 흑3 이하 △석 점을 공격한다.

2도

흑1의 뛰어들기에 백2의 뜀이라면 흑3으로 추격하여 5 부근에 대비, 하변에 흑은 뿌리를 내린다.

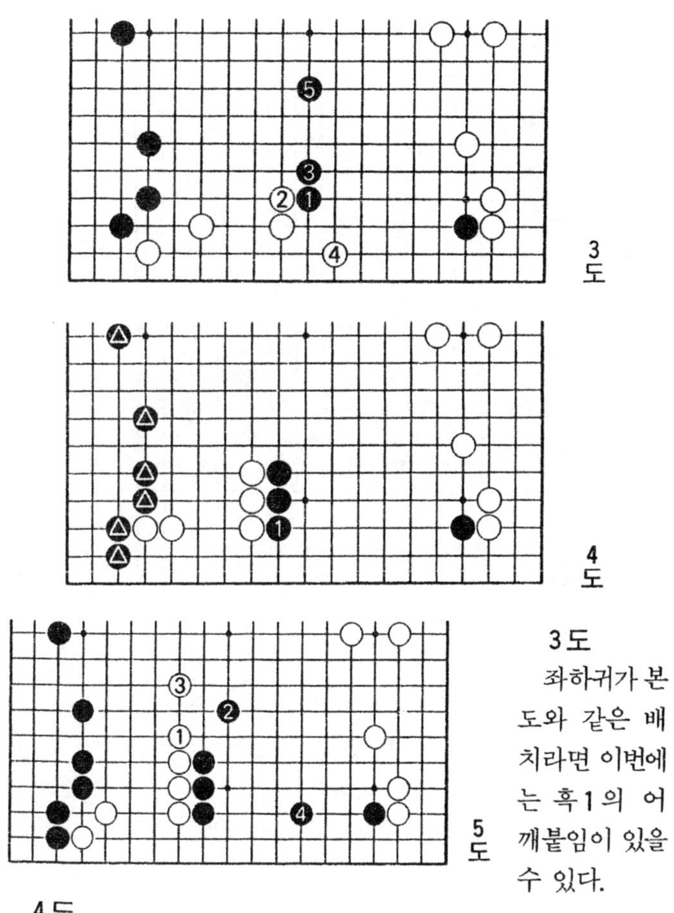

3
도

4
도

5
도

3도

좌하귀가 본
도와 같은 배
치라면 이번에
는 흑1의 어
깨붙임이 있을
수 있다.

4도

이어서 **기본도** 흑5가 정형에 집착한 완착. 이곳은 흑1로
강하게 누르는 것이 좋다.

5도

백1의 뻗음이라면 흑2의 날일자에서 **4** 정도의 벌림도 문
제는 없다.

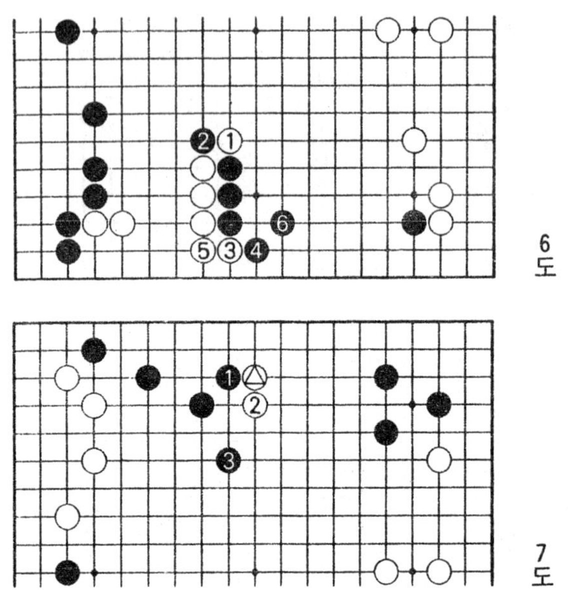

6도

백 1 의 젖힘이라면 흑 2 로 끊어 과감히 싸운다.

이것으로 **기본도** 하변의 진행이 정형에 집착한 발상이라는 것을 알게 되었을 것이다. 보통은 **4도**와 같은 흑의 누르는 수는 없지만 이 경우는 쌍방의 힘의 관계에서 충분히 성립하는 것이다.

7도

다음으로 상변이다.

기본도의 방법은 흑이 둔한 감이 있다. 붙여뻗음을 하는 것은 보통 자기의 돌을 강화시키고 싶을 때이다. 이 경우는 공격해야 할 백돌을 강화시키고 있다. 이곳은 본도 흑1로 마늘모 붙임, 3으로 끝내고 공격할 곳.

제 3 장

당신이라면
여기서 어떻게 둘까

이 장의 포인트

앞 장에서 기풍·방법의 취향을 몇가지의 형으로 나누어 보았는데, 여기서 다시 돌아와 그럼 당신의 기풍은 어떤형인가 하는 문제를 자기 진단해 보자.

사람에게는 누구에게나 버릇이 있다. 버릇이나 취향은 바둑의 국면에서도 나타난다.

집을 좋아하는 사람이라면 아무래도 현금에 손이 가고, 모양이나 벽을 좋아하는 사람이라면 세력을 중시할 것이다. 그것이 기풍이라는 것이다.

우리 프로의 고단자의 경우라면 그것이 그 사람 나름의 '예(藝)'에까지 이르러 있다고 해도 좋을지 모르겠다. 단 취향이나 버릇뿐만 아니라 그 국면에서 선택한 한 수를 전국에서 살려 방향을 잡아가는 것이다. 그리고 완성된 일국을 통해서 보면 그곳에 그 사람의 '예풍'이 나온다고 해도 될 것이다.

뭐, 거기까지 구하지 않아도 사람에게는 생각이 있기 마련.

그래서 이 장에서는 그런 기풍·취향이 비교적 분명히 나오는 문제를 골라 여러분의 기풍 테스트를 시험해 보았다. 자세하게 나누면 한수 한수 여러가지 의미로 분류할 수 있지만 가능한 한 큰 형태로 나누려 고심하였다.

그 결과 이 장에서는 문제의 해답을 수세지향형(守勢志向型), 실리지향형, 공격지향형, 모양지향형의 네 가지로 분류하였다.

그럼 당신의 기풍은 어떤 형일까.

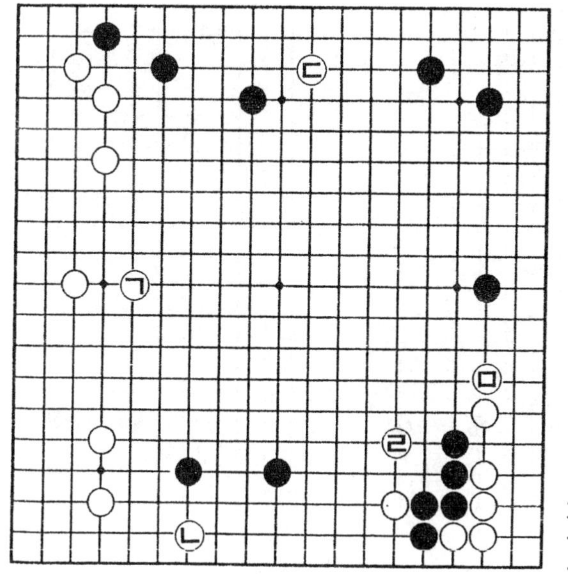

제 1 문

차분한 포석에서 고른 당신의 한 수는?

아마 고단자끼리의 실전에서 뽑았다.

이 포석, 흑백 모두 안정된 느긋한 진행이다. 모두 각각의 세력 범위가 확실하여 알기 쉽다.

그럼 여기서 백차례인데, 느긋한 국면을 계속하느냐, 싸움을 거느냐, 당신이라면 다음의 한 수 어디를 고르겠는가.

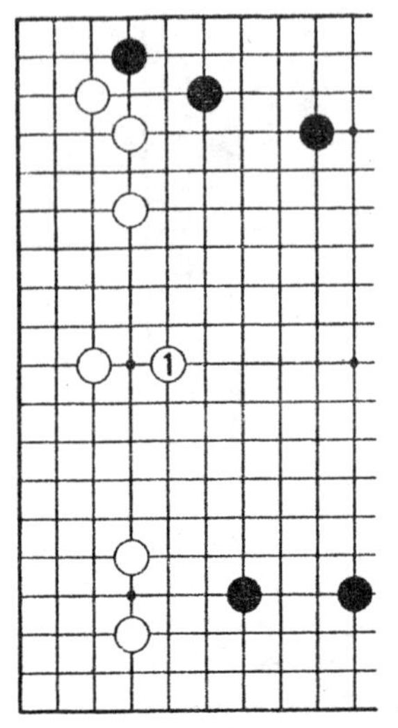

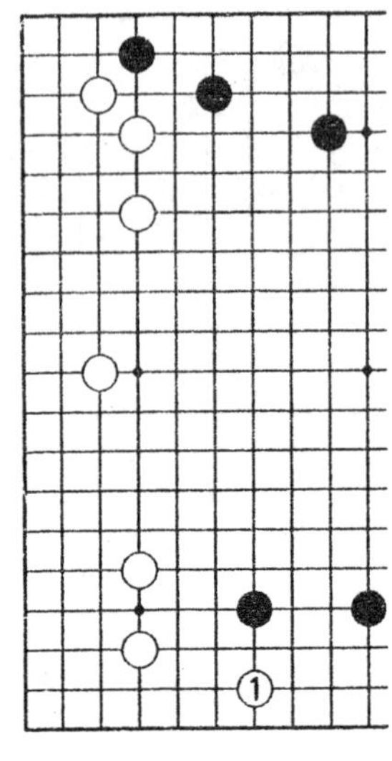

1도 (ㄱ의 해답—수비파 타입)

백1(ㄱ)의 한 칸 뜀은 두터운 수이지만 수비의 발상. 이 국면에서는 느긋한 기분은 없다.

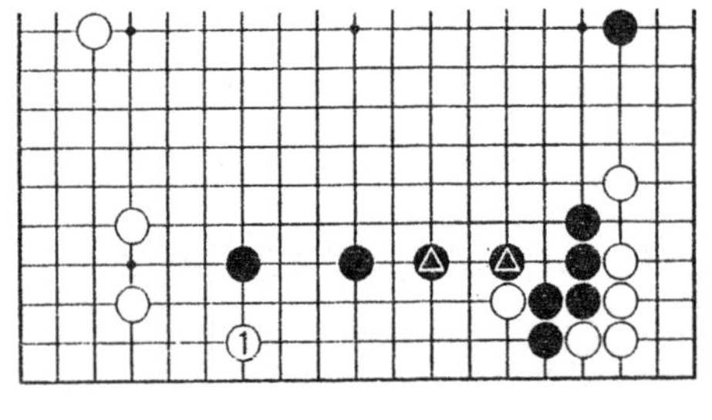

참고도 1

2도(ㄴ의 해답—실리파 타입)

백1(ㄴ)의 미끄러짐은 큰 수지만 아무리 그래도 너무 빠르다. 하변의 흑집이 굳어져 있지 않은 현재에는 아직 시기가 아니다. **참고도 1**과 같이 ●가 더해진 형이라면 백1의 미끄러짐은 피할 수 없는 점이지만…… 이른 단계부터 이러한 2선에 눈이 가는 것은 전형적인 실리추구의 타입.

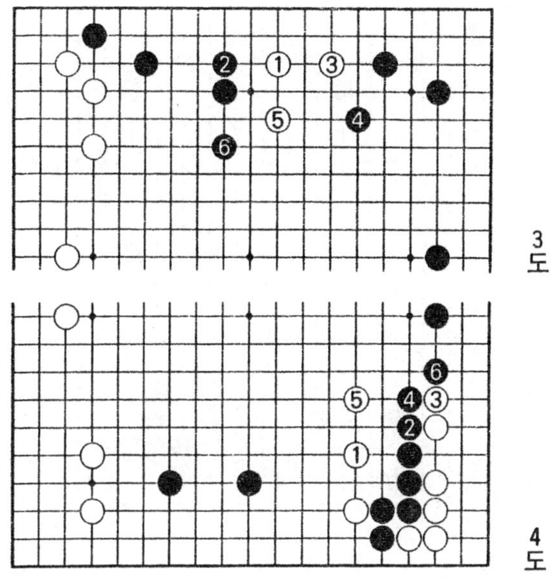

3 도

4 도

3도(ㄷ의 해답——
질투 타입)

백1(ㄷ)로 상변에 뛰
어드는 것은 표적이지만
이 국면에서는 좀 깊이
들어간 느낌이다. 흑2로
지키면 백의 수습이 힘
들다. 백3이라면 흑4

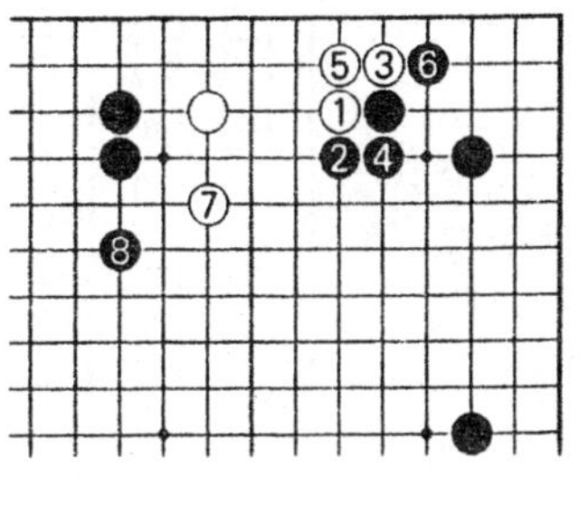

참고도 2

에서 6의 몰아내기. 또 **참고도** 2와 같이 변화해도 비슷하다.
4도(ㄹ의 해답——공격지향 타입)

백1(ㄹ)의 뜀은 부질없는 수. 그러나 흑2·4로 밀려 백
5를 생략할 수 없고 흑6의 누름이 좋다. 언뜻 보기에 하변
의 흑자 ○ 께서 호조와 같지만 전체적으로 백 약하다.

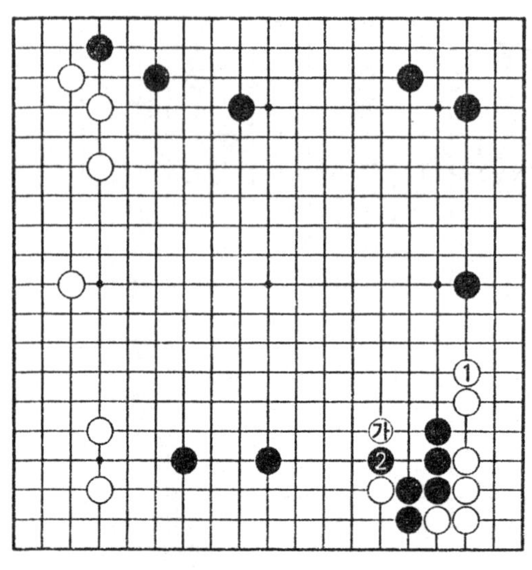

5
도

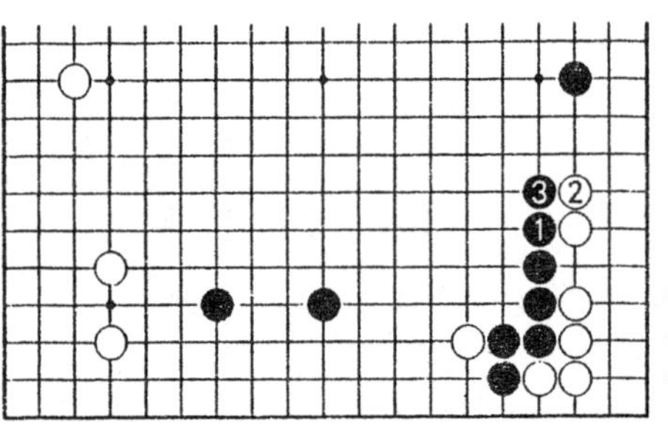

참고도 3

5도(□의
해답——본격
파 타입)

　이 국면에서
는 백1(□)의
늘어섬이 안정
된 좋은 수이
다. 이렇게 일
착하여 허리를
낮추고, 다음으로 백가로 뛰어나감을 살핀다. 이것은 동시에
백1의 칼끝이 우변의 흑을 노려보고 있어 흑은 2의 경계 정
도.

　백1을 두지 않으면 흑에서 참고도3, 1·3으로 밀어붙이
는 수가 좋아진다. 백1은 그 수를 미연에 방지하는 것이다.

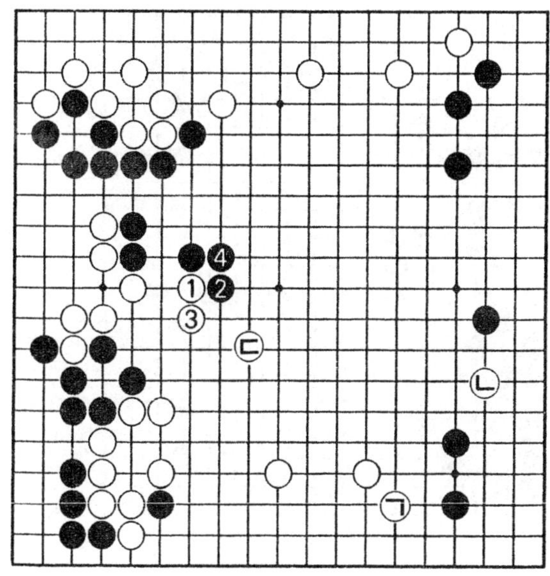

기본도

제2문

적의 집에 돌입하느냐 아니면 중앙지향으로 가느냐

나(흑)와 加藤正夫 9단과의 일전이다.

국면은 백1·3으로 붙여뻗고, 흑4로 잇고 있다. 좌변의
흑백 일단씩 아직 확실하지 않은 형이지만 앞으로 서로 확실
한 대비를 갖고 있다.

그렇다면 여기서의 백의 착수는 저절로 한정될 것이다. 선
제하느냐 아니면 한숨 쉬느냐, 당신의 다음 한 수는?

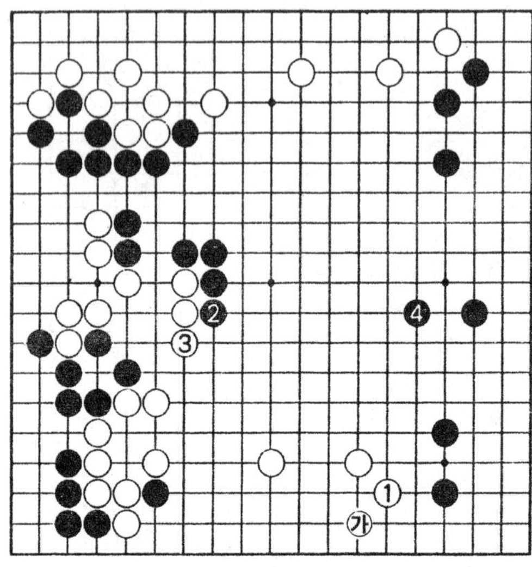

1
도

1도(ㄱ의 해답— 실제파 타입)

백1(ㄱ)은 집의 수비로서는 최대의 수. 흑가의 미끄러짐을 두게 하는 것과 그 출입 20집은 쓸모없는 것이다.

그러나 이 수비의 수에서 이길 수 있다면 백도 그리 수고스럽지 않다. 이어서 흑2의 중앙밀기가 기분좋은 곳. 백3에 우변 흑4로 대비하여 우변 일대의 집모양이 넓어질 듯하다.

이 후 **참고도 1**과 같이 두면 중앙으로 한번에 흑집이 출현한다.

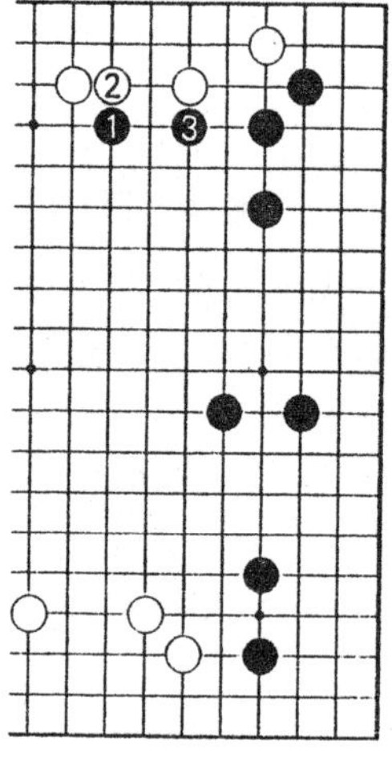

참
고
도
1

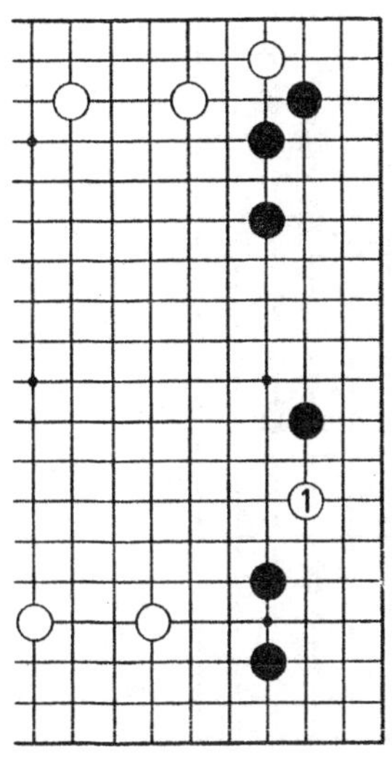

2도

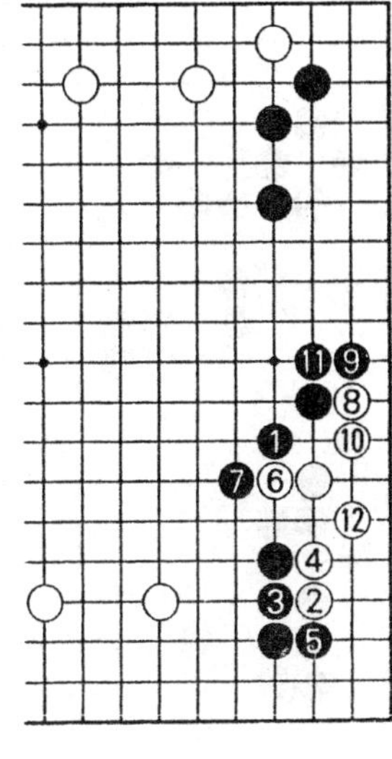

3도

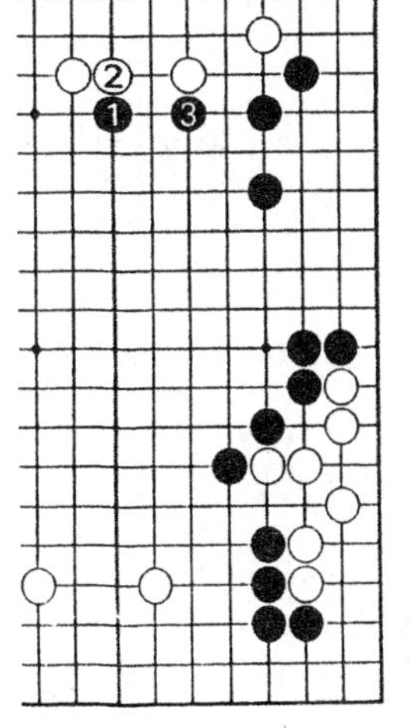

참고도 2

2도(ㄴ의 해답—적극파 타입)

실전에서 加藤 9단이 고른 수는 백1(ㄴ)의 뛰어들기였다. 흑집을 확실하게 망쳐놓으려는 적극적인 전법이다. 자못 힘이 있는 방법이라 할 수 있다. 이렇게 뛰어들면 3도 흑1에서 백12의 삶까지는 당연. 백은 예정대로 오른쪽 아래를 망쳐놓았다. 그럼 이것으로 흑이 나쁜가 하면 그렇지도 않다. 뒤가 두텁게 되었으므로 1도와 같이 중앙의 밀기를 살려 참고도 2로 상변을 봉쇄.

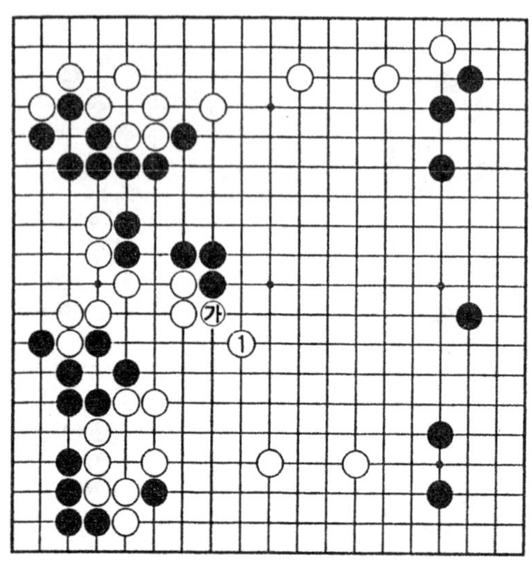

4
도

4도(ㄷ의 해답— 벽중시 타입)

백1(ㄷ)의 날일자. 나의 기풍이
라면 중앙지향으로 이 수를 택할
것이다. 중앙을 **가**로 살리는 것이
무엇보다 괴롭고, 이렇게 두어 하
변의 백모양을 넓히면서 중앙의 흑
모양이 형성되는 것을 미연에 방지
한다.

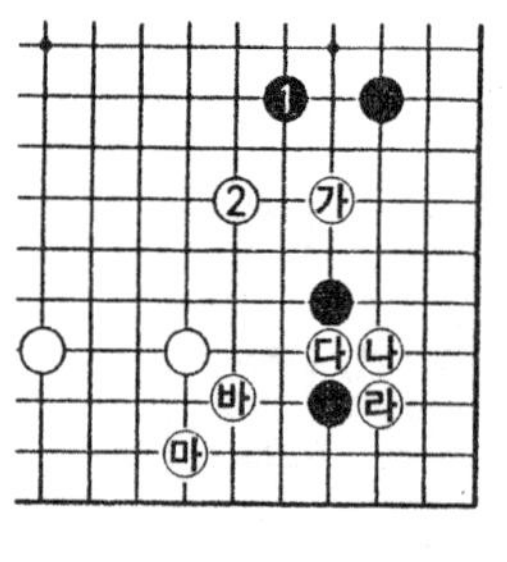

참고도
3

이어서 흑이 **참고도 3**과 같이 우변을 지키면 백2의 가르기
로 엿본다. 이런 느낌이 든다.

다음에 흑**가**로 지키면 백**나**의 엿보기가 좋은 찬스. 흑**다**
라면 백**라**로 패남기. 흑**라**라면 흑**마**의 미끄러짐이 두기 어
려워진다. 백**바**에서 반격이 있기 때문이다.

이 수를 택하는 것은 나와 같은 모양 중시 타입일 것이다.

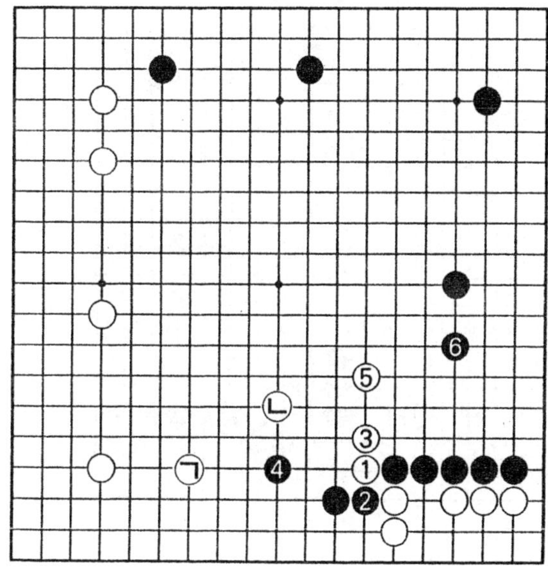

제3문

쫓아가느냐, 두텁게 가느냐, 양자택일의 국면에 섰을 때

흑이 상변 미니 중국류의 대비, 백은 좌변 변칙 3 연성의 포석이다. 모두 대비가 크므로 모양 바둑이 되느냐, 한번에 싸움이 되느냐 한 진행이 예상된다.

하변 백1의 젖혀내기는 이러한 포석과 같은 형. 흑6 까지는 쌍방 필연으로 다음 백의 한 수를 묻는다.

당신의 기풍이라면 백 ㄱ 로 메워 쫓아갈까, 아니면 ㄴ 로 모자씌움하여 느긋하게 갈까. 초점은 이 두 점. 그 밖의 착점은 없다. 프로 고단자끼리의 실전도이다.

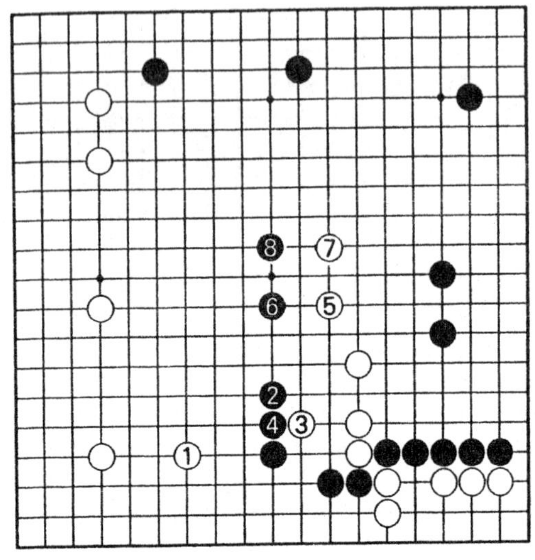

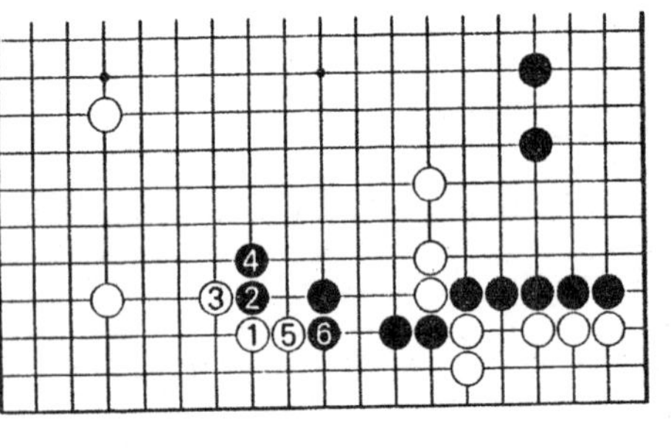

1도(ㄱ의
해답 —공격
지향타입)

백 1 (ㄱ)의
메움은 고집스
런 공격. 흑의
근거를 빼앗는
전개로 가려는
것. 그러나 흑

2로 중심점을 뛰게 하여 중앙의 백돌이 약해진 것은 부정할
수 없다. 그것은 그렇고 힘으로 두려는 것이다.

단, **참고도 1** 백 1 까지 가는 것은 공격의 의식에 사로잡혀
역시 지나치다. 흑2 · 4로 간명하게 두게 하여 중앙이 약체
화 한다.

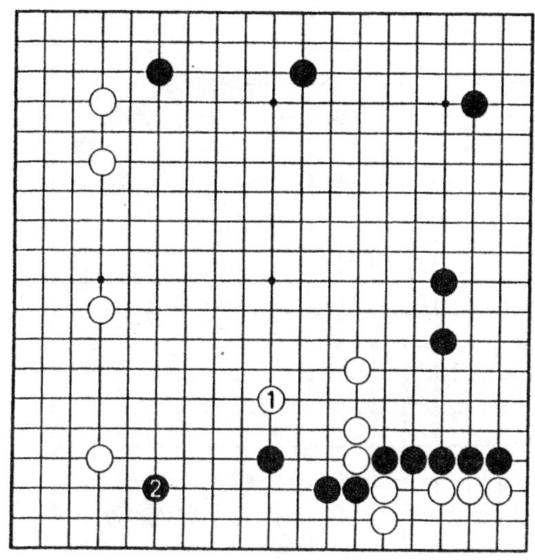

2도(ㄴ의
해답——벽중
시 타입)

백1 (ㄴ)의
모자씌움은중
앙의 진출을 막
는 두터운 수.
쌍방의 돌의 중
심점이다.

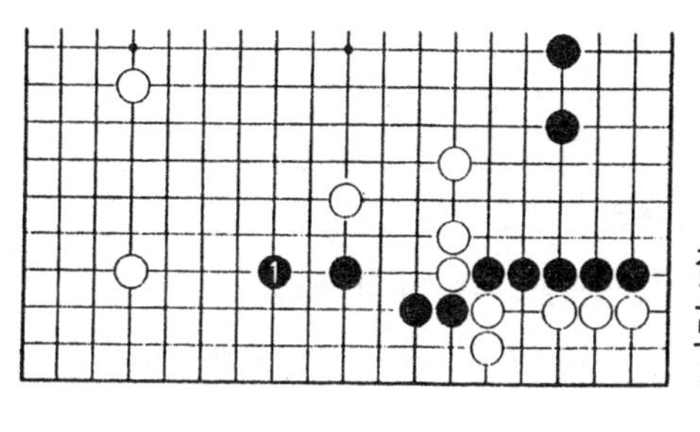

흑은 2로 걸침을 먼저 벌리든지, 아니면 **참고도 2**와 같이
한 칸에 대비할 것이다. 이것이라면 느긋한 진행이 될 것 같
다.

어느쪽에서 두어도 모두 일국의 바둑. 바로 기풍에 의해 판
단이 크게 갈리는 곳이다

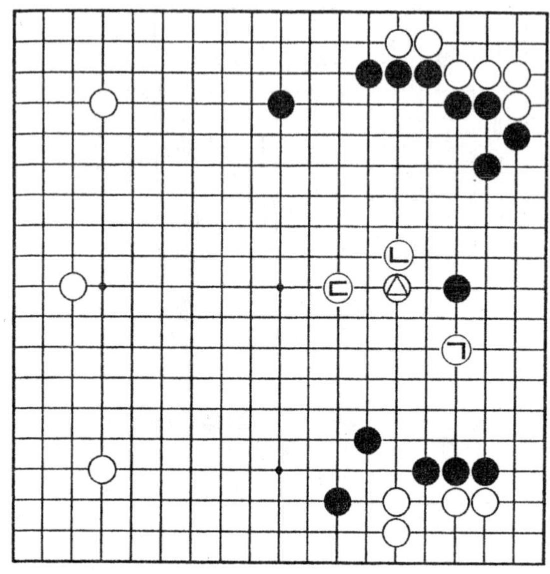

제4문

제거로 받느냐, 반격하느냐

아마 5단끼리의 실전에서 취재하였다.

△로 흑의 우변의 큰 모양을 제거하러 왔다. 초반부터 백의 우상귀의 3·3 들어가기를 서두르고, 흑 알기 쉬운 국면이다.

그럼 당신이라면 ㄱ으로 한 칸에 받겠는가, ㄴ으로 오른쪽 위를 쌓아올리겠는가, 아니면 ㄷ으로 반격하겠는가.

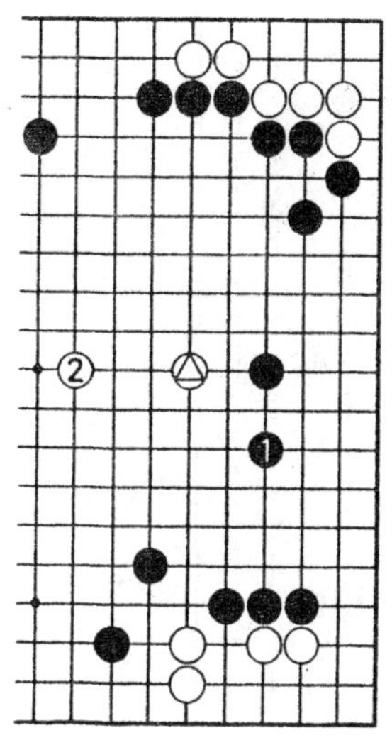

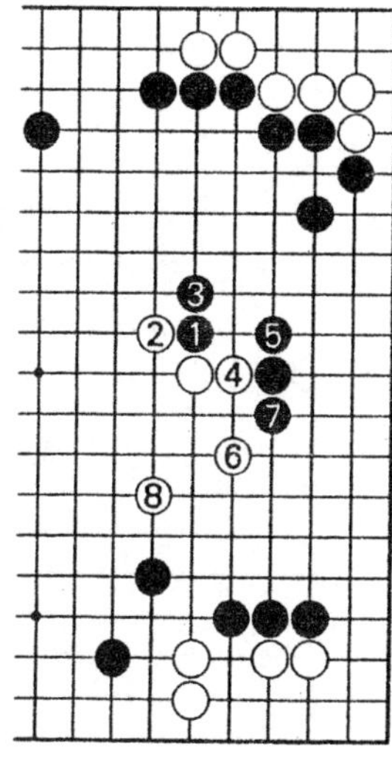

1도(ㄱ의 해답——차분한 견실파 타입)

◎의 모자씌움에 흑1 (ㄱ)로 받는 것은 조용한 수. 어쨌든 백은 2로 끌어올리는 정도일 것이다. 흑이 알기 쉬운 국면이므로 이것으로도 흑 충분.

단 우변의 흑모양의 골은 깊고, 백 약간 깊이 들어간 느낌이 있으므로 다소 아쉬운 방법이라 할 수 있다.

2도(ㄴ의 해답——집 편중 타입)

흑1 (ㄴ)로 오른쪽의 위 일대를 둘러싸는 것은 별로 좋지 않은 발상이다. 흑이 모양을 둘러싸려고 하면 당연히 백돌은 강화되고, 공격의 맛을 잃고 만다.

백8 까지 1도와 비교해도 흑은 약간의 집을 늘린데 지나지 않는데 백은 완전히 모습이 갖추어졌다. 이래서는 모처럼의 큰 모양도 활용할 수 없게 된다.

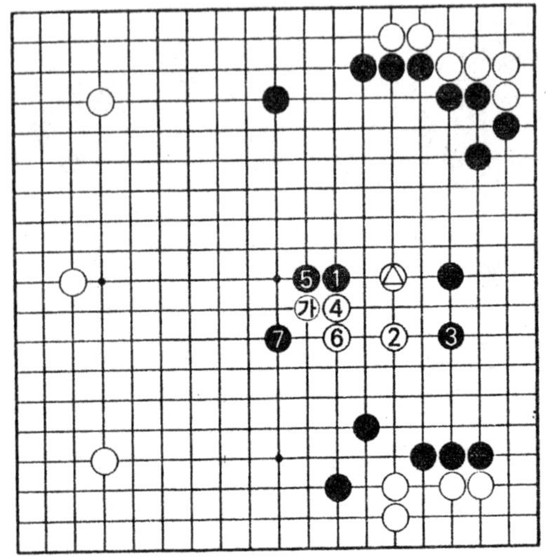

3
도

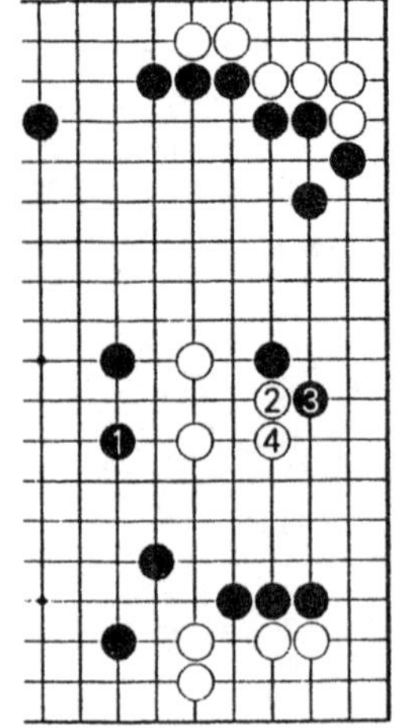

3도(ㄷ의 해답——공격지향 타입)

⊖가 깊이 들어간 느낌이 있으므로 흑1(ㄷ)로 강하게 반격하는 것은 기세 좋은 수. 우선 공격해 보자는 생각이다. 백2에 흑3으로 우변을 지킨다. 백4의 붙임에 흑5. 이것으로 가의 젖힘은 백6으로 끌려 5의 이음에 수가 되돌아온다. 백6에 흑7로 부채질하여 흑 공세. 또한 3도의 흑3에서 참고도의 1로 봉쇄하여 공격하는 것도 생각할 수 있다.

참고도 1

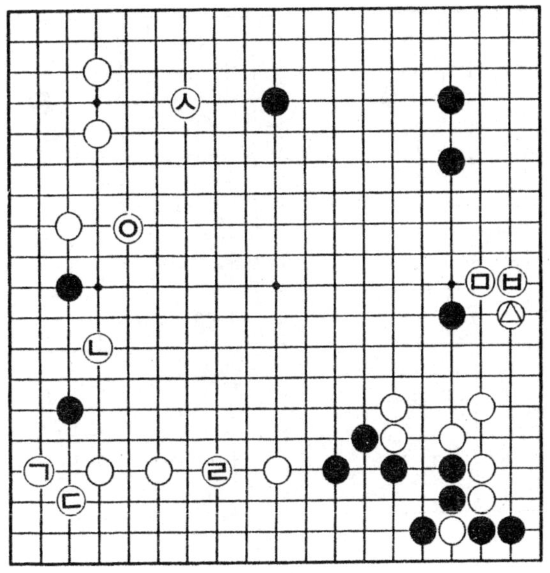

기본도

제 5 문

창조파는 포석에 고심한다

△로 미끄러졌다.

여기저기 두고 싶은 장소가 눈에 많이 띄는데 당신이라면 다음을 어떻게 두겠는가.

어떤 방법을 써도 일국의 바둑이지만 조금 색다른 방법도 있다. 그것을 이 문제의 마지막 부분에서 지적해 본다.

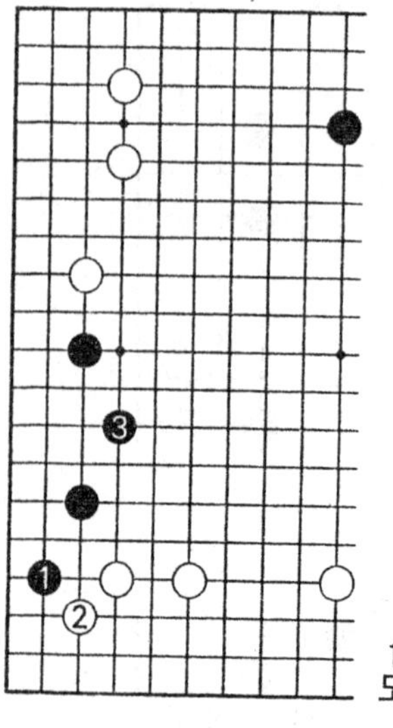

1
도

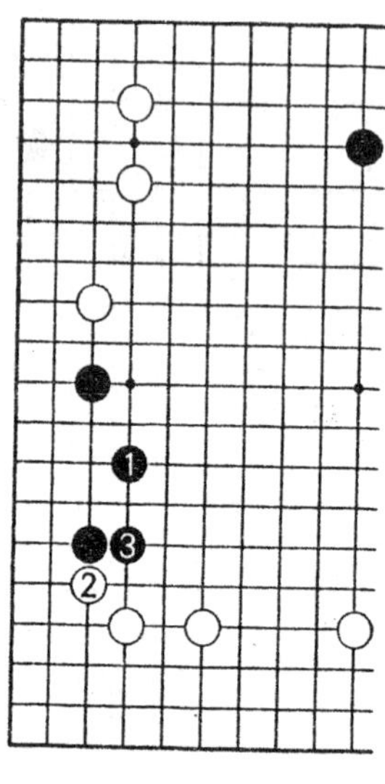

2
도

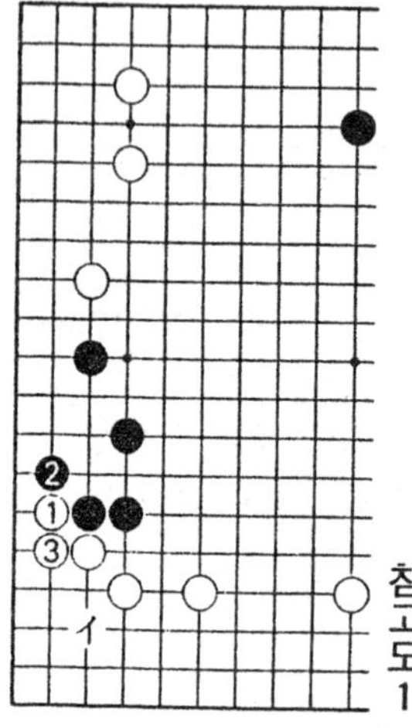

참
고
도
1

1도(ㄱ의 해답— 상식파 타입)

흑1 (ㄱ)의 미끄러짐에서 3의 수비는 제일 중요한 방법. 이 부분에 관해서 말하면 전혀 불만없다. 상식적인 방법이다.

2도(ㄴ의 해답 —빈틈없는 견실파 타입)

흑1 (ㄴ)로 지키는 것은 지나치게 견실하다.

참고도

이 후 백1·3으로 젖혀잇는 수가 크다. 또 백3의 내림이 효력있는 맥으로 흑가의 3·3표적이 먼 것이 괴롭다.

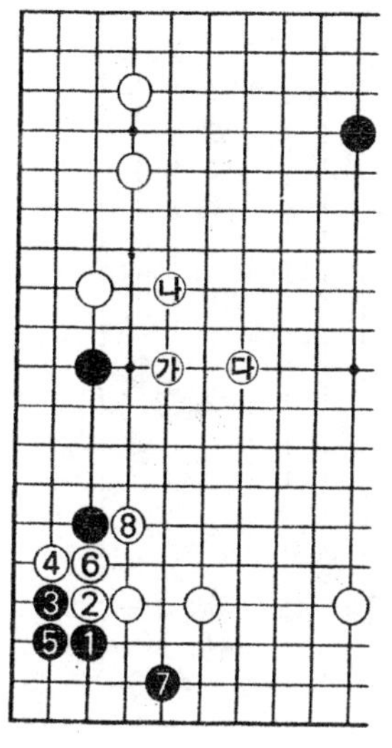

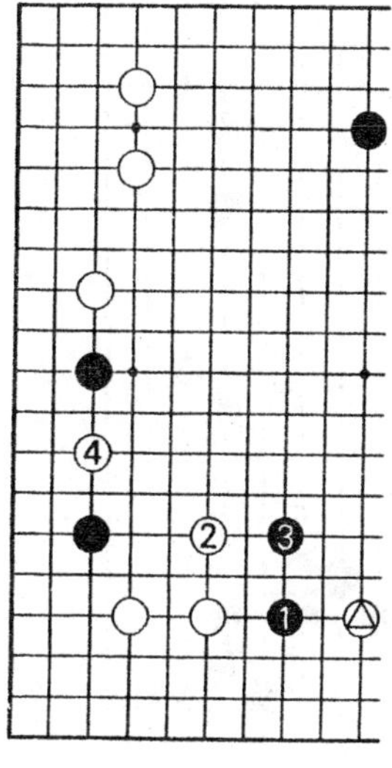

3
도

4
도

3도(ㄷ의 해답 —— 실리파 타입)

혹1(ㄷ)의 3·3들어가기는 집에 야무진 방법. 백은 당연히 2에서 가로막고, 8의 젖힘까지. 이어서 혹가로 도망치고 백나, 혹다 정도를 상정할 수 있다. 혹은 귀의 집을 망치고 현금을 벌었으나 반면 전국적으로 약해진 느낌이 있다.

ㄷ의 선택은 이 국면에서는 상당한 실리취향이라 볼 수 있다.

4도(ㄹ의 해답—— 호전파 타입)

하변 혹1(ㄹ)로 바로 뛰어드는 것은 상당한 호전가이다. 단 좌변의 혹이 수습되지 않은 현재는 좀 지나친 것이다.

백2로 간명하게 뛰어나와 4로 좌변에 뛰어들어도 혹은 약하다. △의 한 점은 우하귀의 혹이 단단하므로 그다지 큰 한 점은 아니다. 혹1의 뛰어들기를 생각하는 것은 힘이 있는 탓일까, 좀 힘이 들어가는 장소가 빗나간 것 같다.

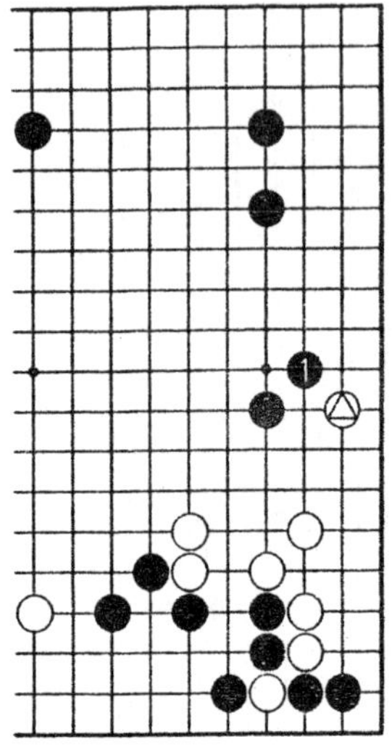

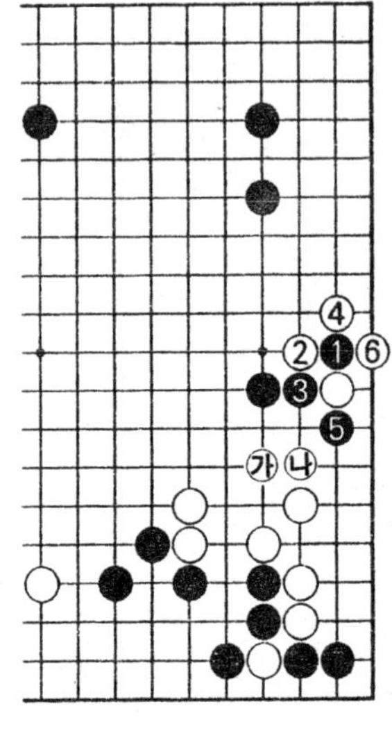

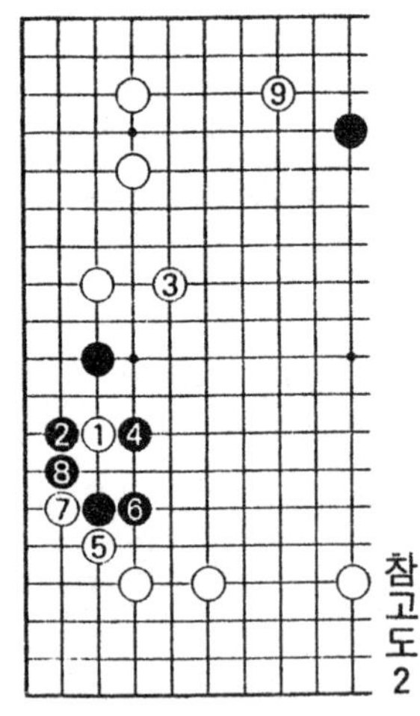

5도

6도

참고도 2

5도(ㅁ의 해답——무기력·추종 타입)

흑1(ㅁ)로 ⊙에 바로 마늘모 하여 받는 것은 아주 둔한 수로 전형적인 접바둑의 발상.

백은 당연히 수를 뺀다. **참고도 2** 백1로 하나 뛰어들어 이하 백7까지 살려 상변 9의 큰 곳으로.

6도(ㅂ의 해답—— 억지 타입)

그림 흑1(ㅂ)로 막는 것은 어떤가. 이것은 반대로 억지가 지나치다. 백2 이하 젖혀내어 흑 큰 손실이다. 이어서 흑가는 백나로 백에게 불안은 없다.

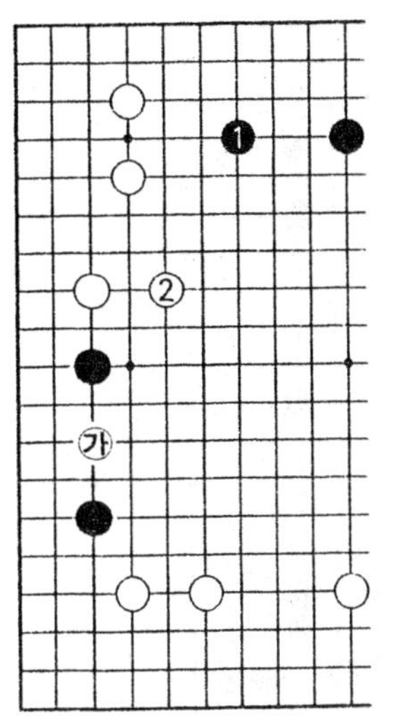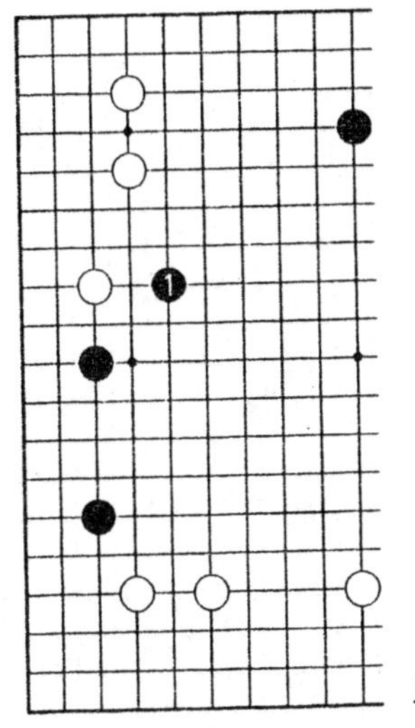

7도(人의 해답——느긋한 밸런스 타입)

혹1(人)의 두 칸 벌림은 불만없는 큰 곳. 훌륭한 한 수이다. 이 수를 택한 사람이 많지 않을까. 단 어느 정도 핀트가 빗나간 느낌이 없는 것도 아니다.

백도 2로 뛰어 느긋하게 두든지 **가**의 뛰어들기로 걸어올 것이다.

8도(○의 해답——웅대 모양파 타입)

혹1(○)을 생각한 사람이 있을까. 자기 진지의 수비가 아닌,또 세력을 넓히는 것도 아닌, 어딘지 빈틈투성이의, 이유를 알 수 없는 수와 같이도 보인다.

실은 이 그림은 나(黑)와 石田芳夫 9단과의 바둑에서 혹1의 수는 내가 둔 것이다.

그럼 이 수의 의미는 어디에 있을까. 다음에 설명한다.

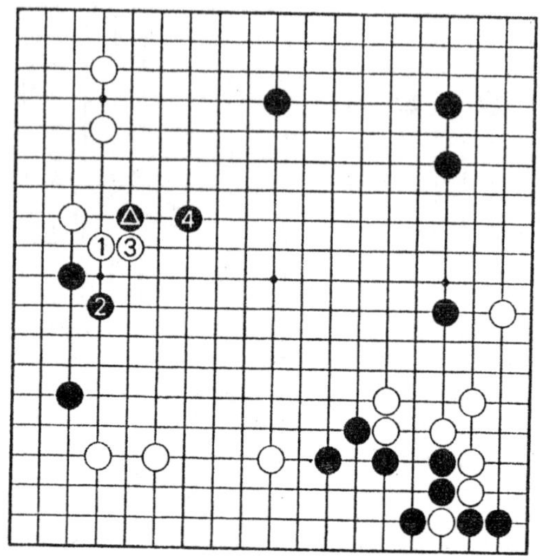

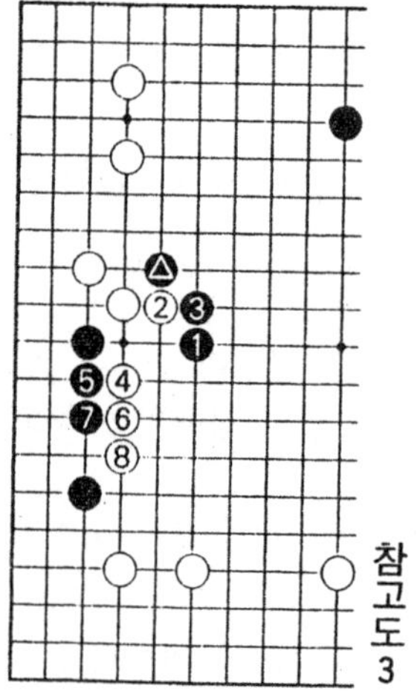

9도

⚫에 백1로 나오면 어떻게 할 까. 이 수의 좋은 대책이 생각나지 않으면 ⚫로 두는 의미가 성립되 지 않는다.

백1에는 흑2의 마늘모, 백3의 밀기는 필연이므로 그에 맞추어 흑 4로 가볍게 뛴다. 이것이 흑의 표 적이었다. 흑은 백1의 출현을 기 다려 좌변을 지키고 다시 흑4로 떼면서 오른쪽 위 일대의 흑으로 멀리 호응하여 중앙형성을 하려는 것이다.

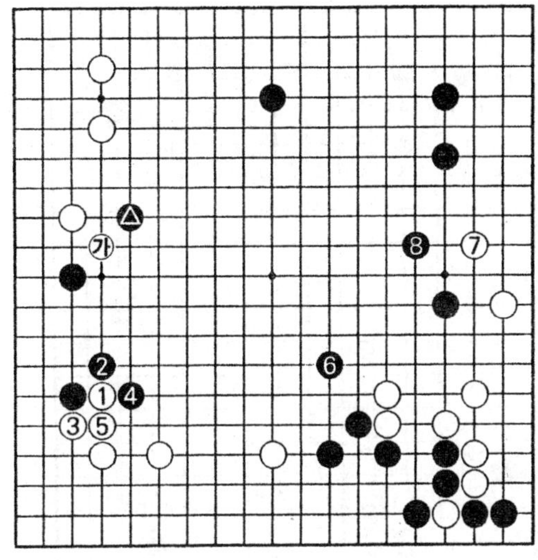

10
도

10 도

백 **가**로 나오는 수가 흑의 주문인 이상, 백은 이곳에 간명하게 수를 붙일 수 없다. 이렇게 되면 백의 다음 한 수가 어렵다.

실전에서는 백 1 이하 좌하귀를 결정하였다. 한편 흑은 6 에서 8 까지 끝까지 ●의 한 점을 살린 중앙지향으로 일국을 정리해 갔다.

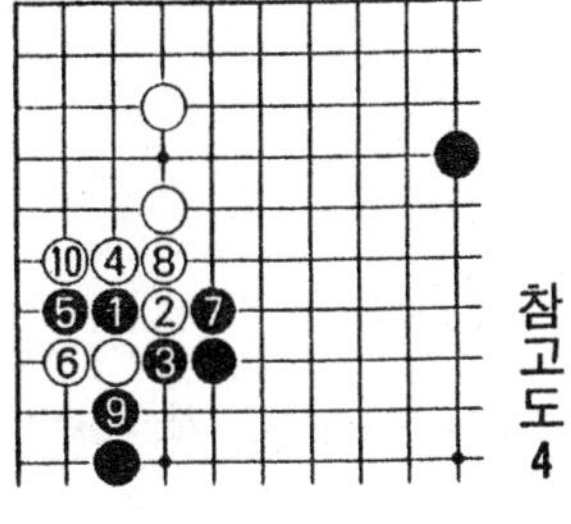

참고도 4

또한 좌변은 **참고도 4** 와 같이 흑 1 에서의 기분좋은 메움붙임이 표적으로 남아 있는 점에 유의하라.

●로 모자씌움하느냐 마느냐는 물론 기풍·취향의 문제이지만 포석에서는 이런 자유롭고 창조적인 방법도 있다.

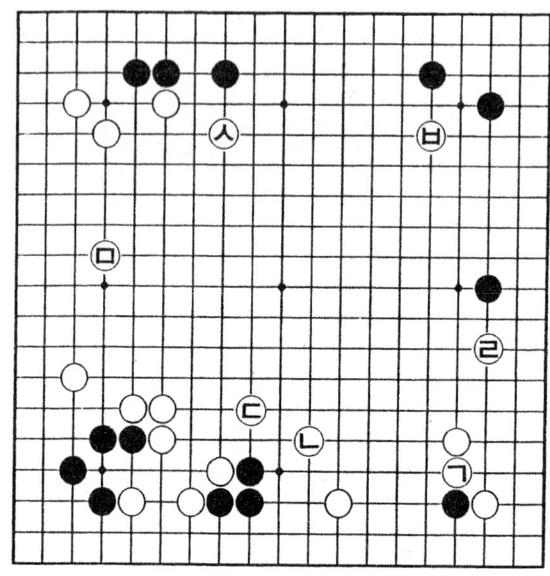

기본도

제6문

어디서부터 바둑을 만들어 가느냐, 갈림길

좌하귀는 옛날에 많이 두던 정석. 현재는 백 두텁게 갈리고 있다.

하변을 비롯, 전체적으로 국면이 확실하게 정해져 있지 않은 만큼, 다음의 백에서의 착수가 어렵다.

다음의 일착을 어디에 두느냐로 국면의 구성이 전혀 달라질 것이다.

당신이라면 어떤 바둑으로 가겠는가.

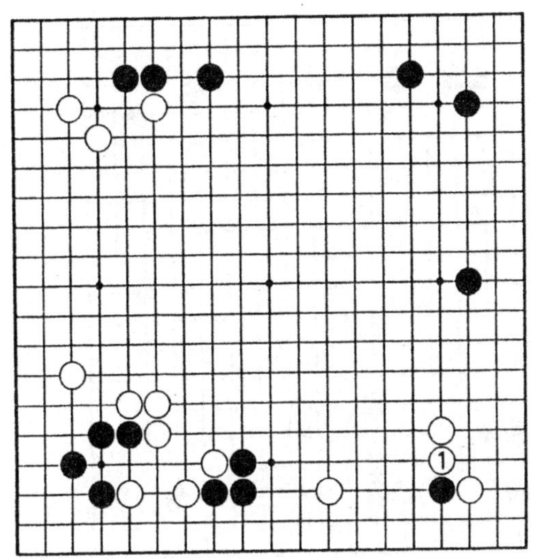

1도(ㄱ의 해답—— 빈틈없는

착실파 타입)

백1(ㄱ)은
견실한 한 수.
어쨌든 기분나
쁜 자기돌을
손질하고 나서
대응을 생각하

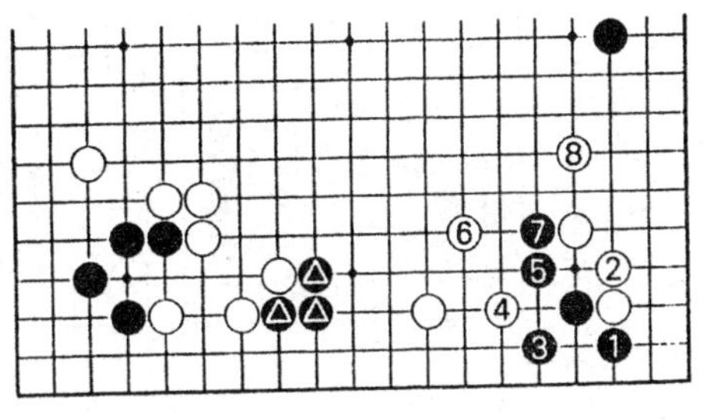

려는 견실파 타입의 발상이다. 그러나 반면 국면을 리드해 가
려는 적극성은 별로 느낄 수 없다.

참고도 1

단 이 국면에서는 하변 ● 석 점이 약하므로 흑1·3 으로
는 바로 움직일 수 없다. 움직이면 백8 까지로 얽히게 되기
때문이다.

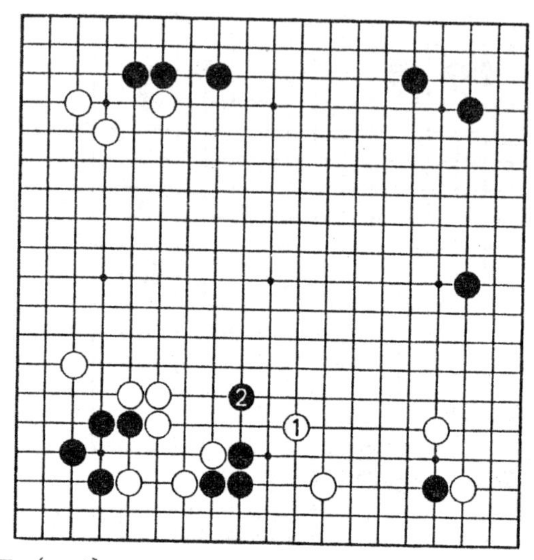

2
도

2도 (ㄴ의 해답 — 공격 지향 타입)

백1(ㄴ)에 는 공격의 기 풍이 엿보인다.

하변의 혹 석 점은 확실

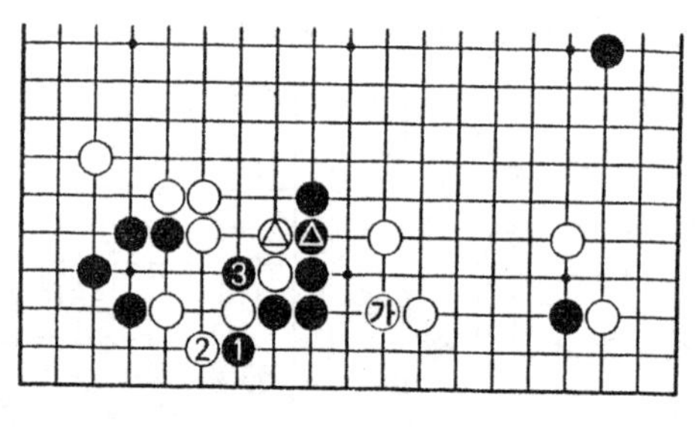

참
고
도
2

히 표적이나, 그러나 바로 결행하는 것은 어떤가. 흑2로 뛰 어나오고 한편 돌만 계속 공격하는 것이 어렵다.

참고도 2

하변의 흑 석 점이 단독으로 피한다면 의외로 탄력성이 있 다. △와 ●를 정하여 눈을 따로 흑1·3의 끊음과 흑가로 붙이는 맥도 있고, 어찌되었든 백이 바로 태도를 정하는 것은 국면을 단순하게 할 우려가 있다.

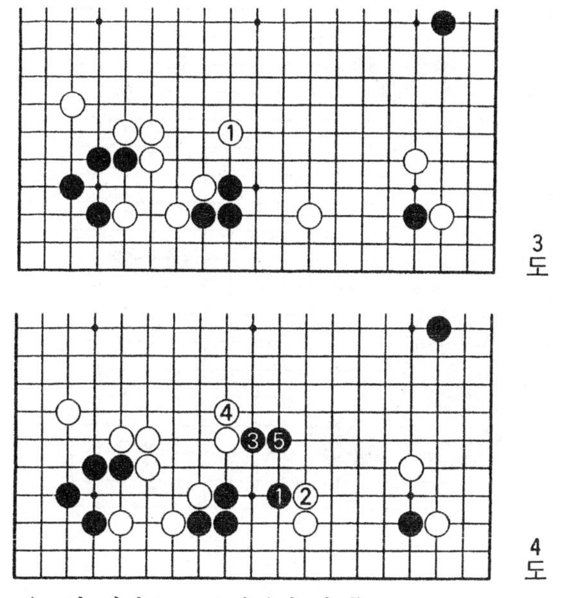

3
도

4
도

3도(ㄷ의 해답——공격지향 타입)

백1 (ㄷ)의
모자씌움은 공
격의 급소.

흑1에서 3
·5로 흑도
진출한다.

4도

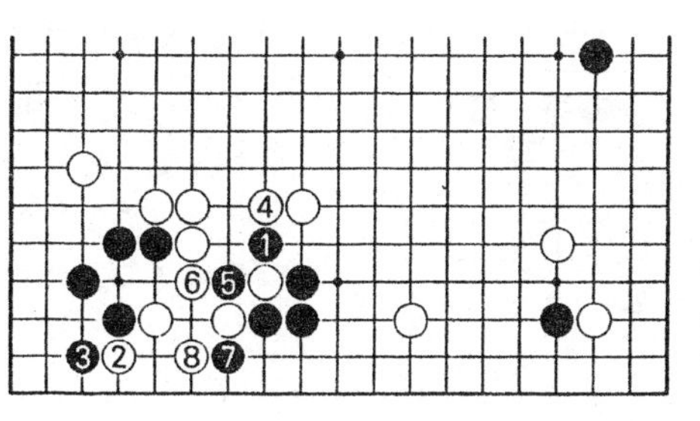

참고도
3

앞 그림에서도 말한 바와 같이 이 흑을 공격하려면 타이밍
이 필요하다.

참고도3

단 흑1로 이쪽으로 나오는 것은 나쁘다. 백2에서 8까지
백의 모양이 정돈되어 버렸다.

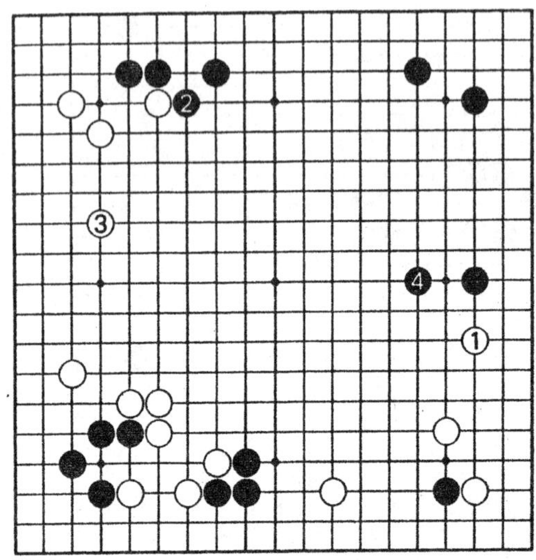

5
도

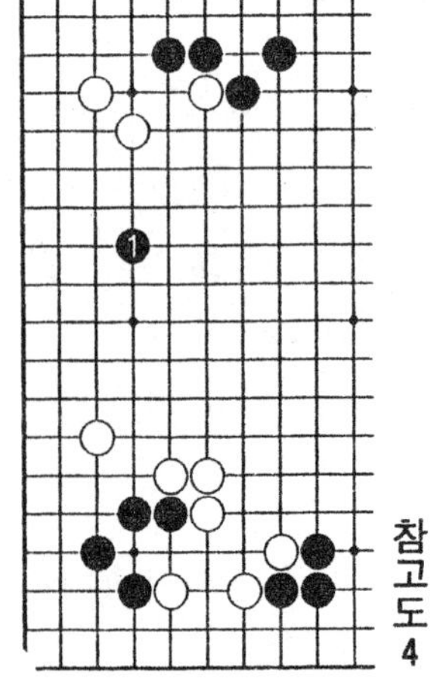

참고도 4

5도(ㄹ의 해답— 상식파 타입)

백1(ㄹ)의 메움은 큰 수. 그러나 이 국면에서의 초점에서는 좀 빗나간 것 같다. 흑2의 팽창이 견실한 수. 백3의 좌변의 벌림에 흑4의 뜀까지. 흑의 오른쪽 위 일대의 모양이 크고, 흑에게 쉬운 포석이 된다.

또한 흑2에 백 수빼기는 **참고도 4** 흑1의 뛰어들기를 당해 안된다.

백1의 메움은 큰 곳이지만 백으로서는 한번 연구해 볼 곳.

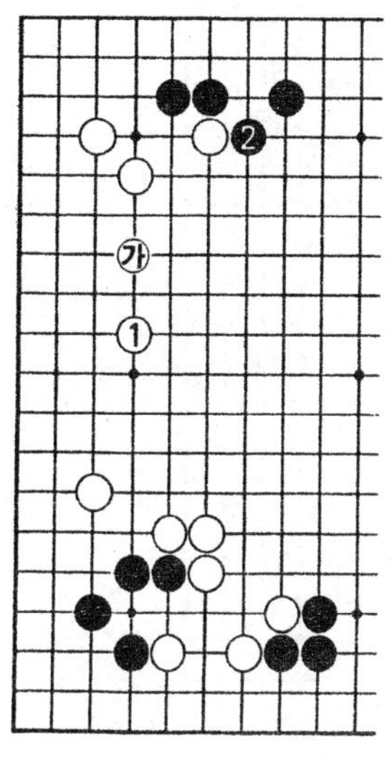

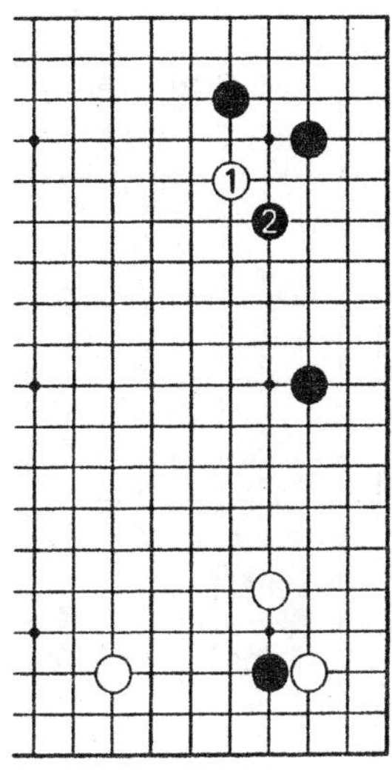

6 도

7 도

6도 (□의 해답——평이파 타입)

백 1 (□)의 좌변의 벌림은 알기 쉬운 수. 훌륭한 한 수일 것이다.

이어서 역시 흑 2가 호점. 오른쪽 위 일대를 굳히고 다음에 흑가의 뛰어들기를 노린다.

백 1의 벌림은 정착은 아니지만 수인 만큼 적극성이 결여되어 있다.

7도 (ㅂ의 해답——모양 공포증 타입)

백 1 (ㅂ)로 우상귀의 흑을 엿보는 것은 너무 빠르다. 아직 흑의 모양이 만들어지지도 않았는데 그것을 의심하여 제거해 가는 것은 핀트가 어긋났다고 밖에 할 수 없다. 흑은 2로 받으면 흡족할 것이다.

큰모양이 좋은 타입이 있으면 그 반대로 이유없이 '큰모양 공포증'의 환자도 있을지 모른다.

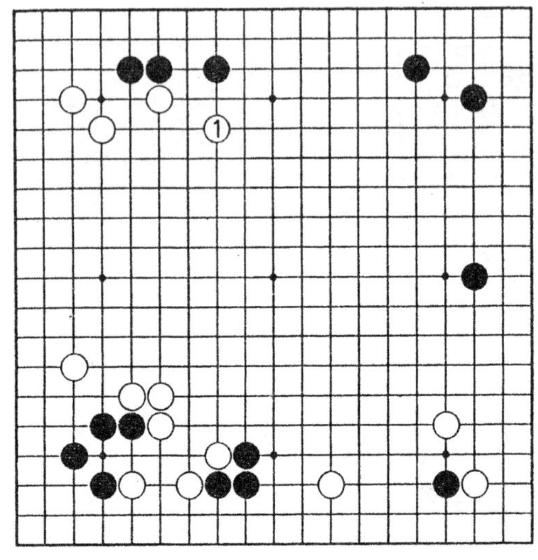

8
도

8도(人의 해답——큰모양파 타입)

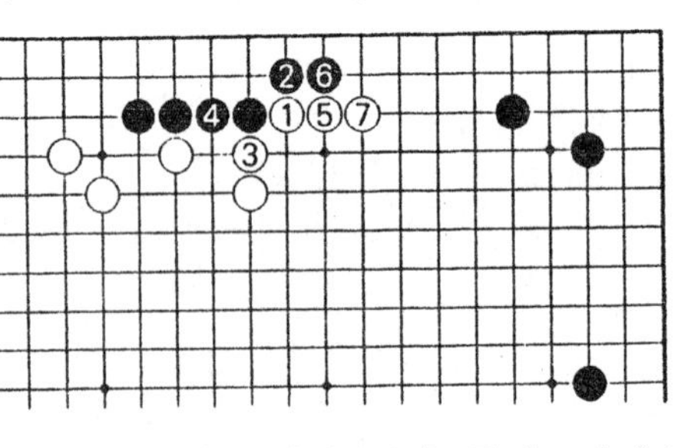

참
고
도
5

백 1 (人)은 좌변을 큰모양으로 두려는 구상풍부한 착상. 나의 기풍에서 보아도 호감이 가는 수이다.

흑에서 큰모양을 견제함과 동시에 '자아, 들어오십시오' 하고 큰 손을 벌리고 있다.

상변의 흑도 수를 빼면 **참고도 5** 백 1 에서 7 까지 흑을 저 위에 두고 백 모양을 더욱 깊이 할 목적이다.

실제로 둔 것도 이 수였다.

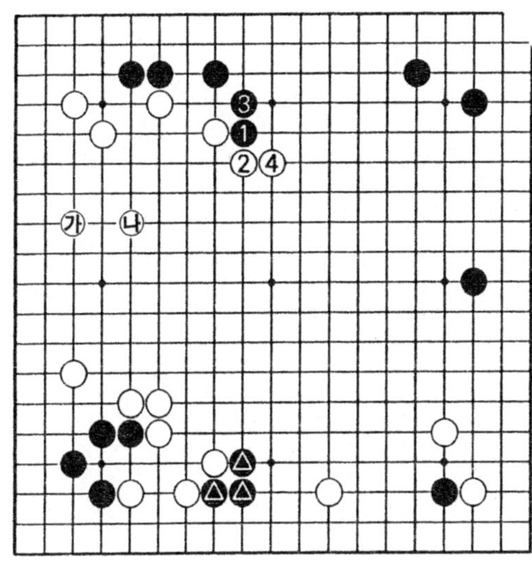

9 도

9 도
실전의 진행을 살펴 보자.
흑 1 · 3 의 붙여당김은 참고도 5 의 수를 거부하고 당연

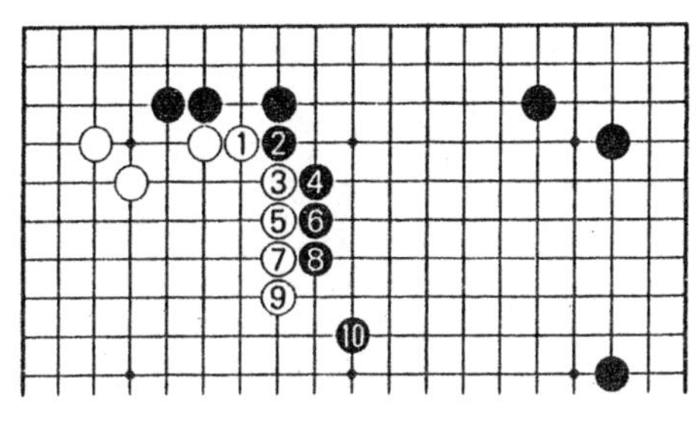

참고도 6

히 버틴다. 그러나 백 4 의 뻗어끊음이 절호로 좌변의 백 모양은 방대해졌다.

이렇게 되면 흑은 하변 ▲ 석 점을 경솔히는 둘 수 없다. 실전에서는 이 후 흑 가로 들어가도 백 나 에서의 공세가 되었다.

또한 참고도 6 백 1 로 뻗는 것은 이번에는 흑 2 에서 점점 눌러 흑의 모양이 커졌다.

제 4 장

허풍 전법으로 알기 쉽게 이기자

내가 권하고 싶은 승리를 부르는 기풍대작전

이 장의 포인트

이 장에서는 과감히 하나만 내가 아마츄어에게 꼭 권하고 싶은 '이기기 쉬운 기풍' 대작전을 소개하려 한다.

제목은 '알기 쉽게 이길 수 있는 허풍 전법'이다.

이 '허풍류'의 좋은 점은 까다로운 정석을 애써 생각하거나 복잡한 수읽기를 하지 않아도 누구든지 가능한, 무엇보다도 상대를 깜짝 놀라게 할 확실(특히 첫대면의 상대와의 일국에는 최적일 것이다)한 것에 있다. 반드시 상대는 당황하여 허둥대고, 고심하고, 그리고 두려워할 것임에 틀림없기 때문이다.

이하 이 '기풍'을 실천함에 있어서의 몇가지 중요한 포인트를 들어 본다.

◎ 조그마한 손익에 구애되지 말고 마음을 크게 먹을 것.

◎ 부분이나 정석같은 고정관념에 매달리지 말고 자유롭게 둘 것(상대가 '정석에 어긋난다'고 하더라도 전혀 신경 쓰지 않는다).

◎ 고정집보다도 요지지향을 우선.

◎ 모양의 천왕산은 절대 놓치지 마라.

◎ 침입해온 적은 과감하게 공격하라(자기진지 안에서 싸우므로 자연히 싸우기 쉬워진다).

이 전법은 '武宮宇宙流'의 엣센스를 알기 쉽게 푼 것이다. 모양을 선호하는 사람에게는 딱 맞으리라 생각한다. 그럼 한번 이 '허풍 기풍'으로 적을 현혹시켜 보자.

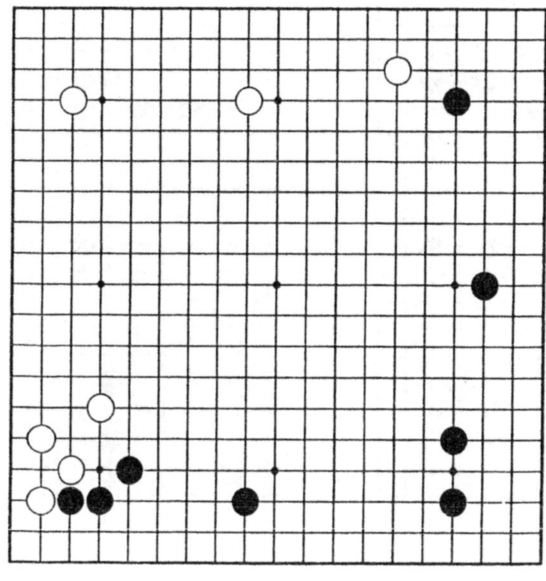

제 1 형

상대를 놀라게 하는 기우장대한 방법은

아마 고단끼리의 대국에서 뽑았다.

상변은 백이 변칙의 미니 중국류를 깔고 있다. 흑은 우변에
걸쳐 백은 상변에서 좌변에 걸쳐 서로 세력을 펴고 있다.

여기서 백은 어떤 작전으로 나갔을까. 당신의 기백이 기우
장대한 기풍이 된 셈치고 하나 생각해 보길 바란다.

상식에 얽매이지 말고 과감히 일국 즐기는 기분으로 해 보
자.

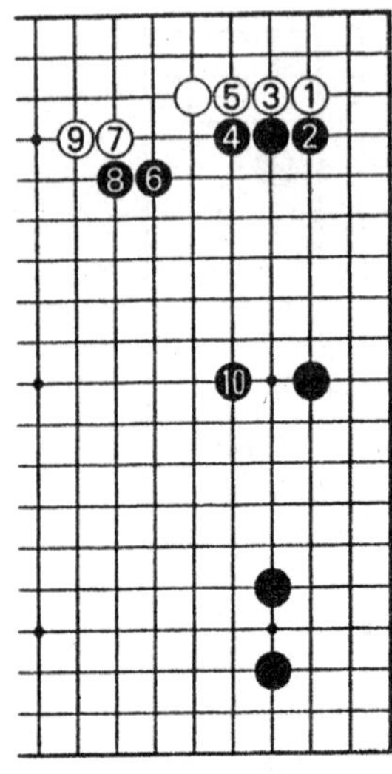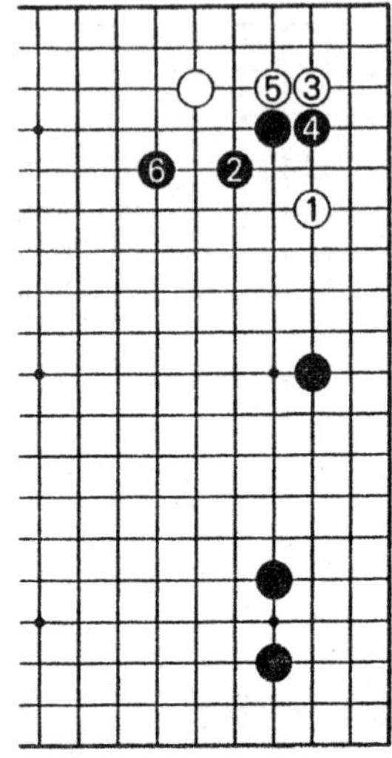

1도

우선 별로 재미있지 않은 그림부터 해 보자. 백1의 3·
3들어가기는 그다지 장려할 수 없다. 흑6이 되어 이하 백
7·9로 상변을 둘러싸면 흑10으로 절호점을 차지하게 하
여 우변이 한숨에 올라간다.

2도

백1로 양걸침해 오면 흑은 2로 알기 쉽게 두어도 될 것이
다. 이 그림도 1도와 대동소이.

백이 무엇인가 상변에서 좌변에 걸쳐 과감히 모양을 쌓아
올릴 발상은 없을까. 상형에 집착하지 말고 자유로운 발상으
로 생각하길 바란다.

1도, 2도 모두 이 국면에서 3·3의 실리에 구애되는 것
은 바둑의 스케일을 작게 한다.

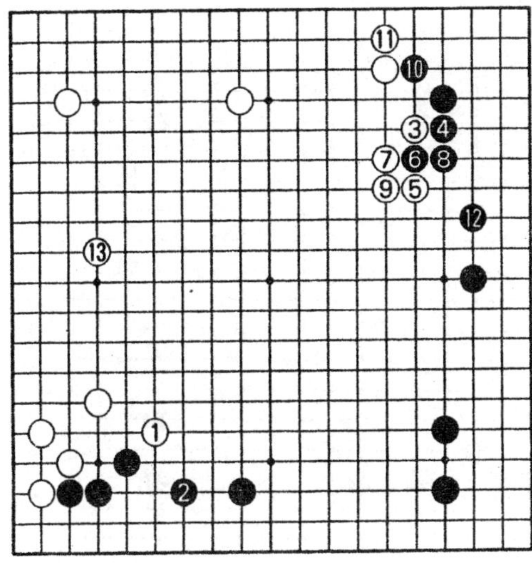

3도

3도

　기본도에 이어 이 아마 고단자는 백1로 걸침, 흑2에 백3으로 우상귀의 흑의 화점으로 걸어 갔다. 흑4의 받음에 백5 이하 13까지 이 백 나름의 일관된 방법·생각이 나와 있다고 생각지 않는가. 말할

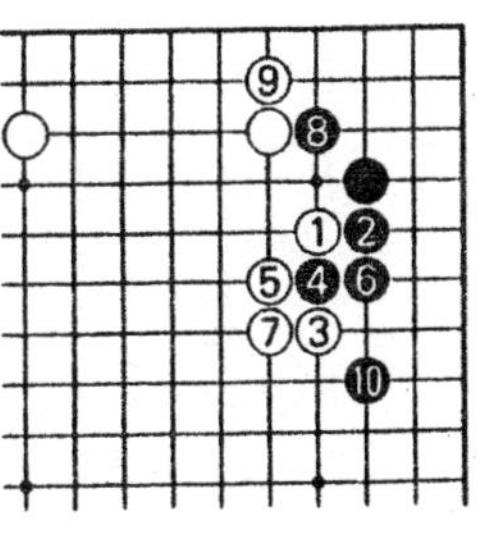

참고도 1

것도 없이 표적은 상변에서 좌변에 걸친 큰 모양이다.

　백3의 걸침, 이런 수는 정석의 책에는 쓰여 있지 않다. 그러나 느낌은 나와 있다. 작은 일에 너무 구애되지 말고 포석은 자유롭고 생기있게, 이러한 발상은 호감을 가질 수 있다. **참고도** 1은 집을 벗어난 날일자 걸침의 정석. 이것과 **3도**는 바로 한길 어긋난 형이다.

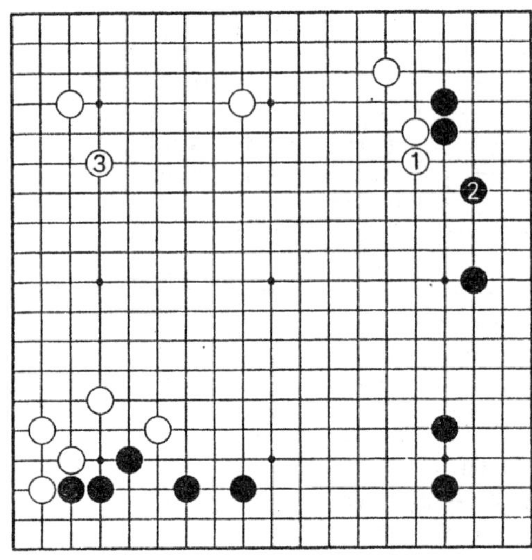

4
도

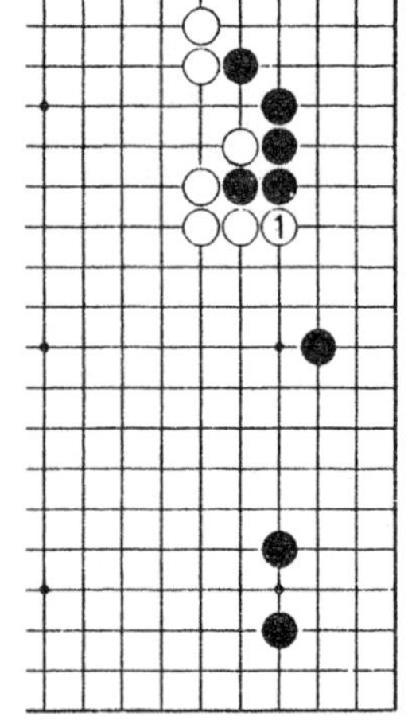

참
고
도
2

4 도

실전의 수에 대해 좀 주의해 두
자.

3 도 백 5 에서는 본도 백 1 로 뻗
는 방법이 확실하다. 이어서 백 3
의 대비이다. 3 도 백 13 의 대비는
좀 어중간했다. 본도의 백 3 의 대
비가 좋았다. 좌하귀의 백은 강하
므로 다가갈 필요는 없다.

참고도 2

또한 3 도 흑 12 에서 좌변의 가
르기로 돌리는 것을 본도 백 1 로
눌러서는 안된다.

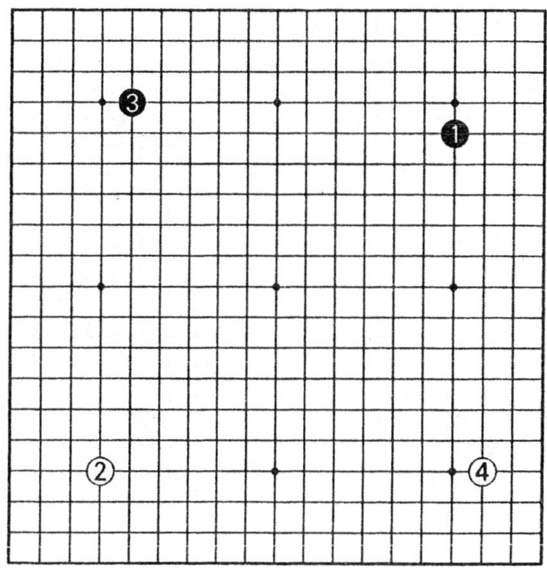

제 2 형

부분보다 전체를 노리는 기발한 발상법

무언가 유니크한 포석의 발상법은 없을까, 가능하면 상대가 깜짝 놀라 어떻게 대응하면 좋을지 알 수 없을 방법은 없을까, 그런 재미있는 발상법의 일례로서 이 **기본도**를 들어 보았다.

흑은 1·3으로 웬지 의미가 있는 듯 하다. 이 기분을 알아채고 이 후 흑은 도대체 어떤 식으로 두었는지 생각해 보길 바란다. 물론 어디에 두면 만점이라는 등 국면은 아니다. 단지 흔히 있는 것을 피하고 과감한 발상을 하는 트레이닝으로써 생각하라.

이 바둑은 아마 톱 크라스의 바둑에서 뽑은 것이다.

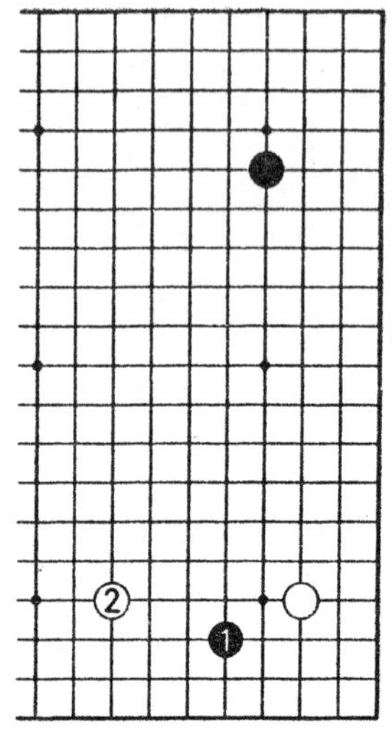

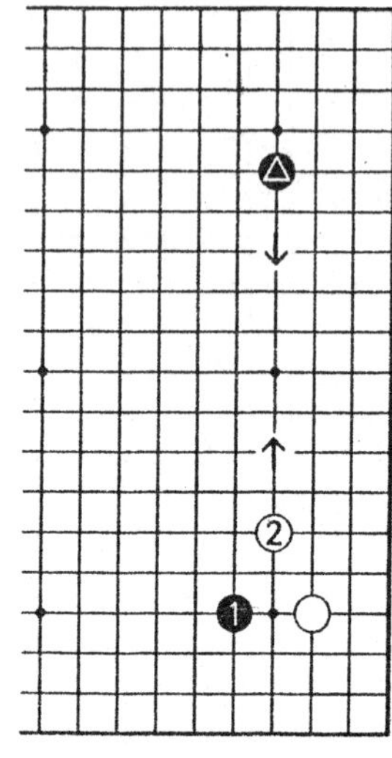

1도

아직 5수집의 단계. 물론 어디를 어떻게 두든 괜찮다. 무언가 기발한 발상을, 그래도 아무것도 떠오르지 않는다, 그렇다고 해도 무리가 아닐지도 모른다. 예를 들면 본도 흑1로 걸친다. 이것은 이것대로 훌륭한 수이다. 아무 할 말도 없다. 단 굳이 말하자면 이것으로는 모처럼 상변에 두 개 고목을 깐 흑의 기분을 파악하지 못한 것이다.

2도

그럼 흑1로 높이 걸치는 것은 어떤가. 이 편이 스무스한 발상일 것이다. 그러나 백2로 받게 하는 것은 좀 화가 난다는 감각이 있을지도 모른다. 즉 백2가 상변으로 작용하고 있으므로 화살표로 나타낸 모처럼의 ● 의 하변 방향의 작용이 없어져 버리지 않는가, 하는 사치스런 생각이다.

그럼 실전에서는 어떻게 둘까.

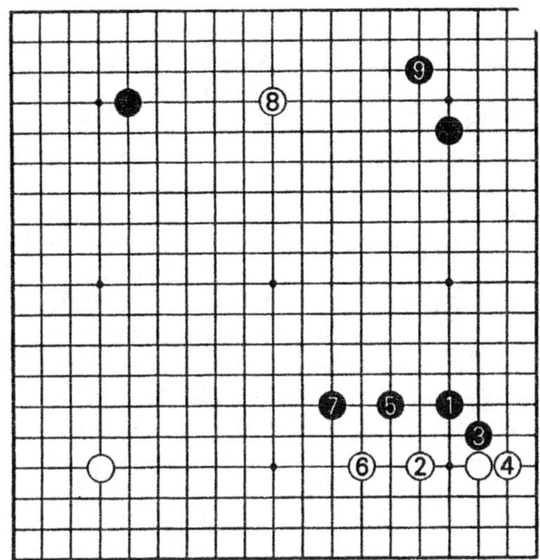

3
도

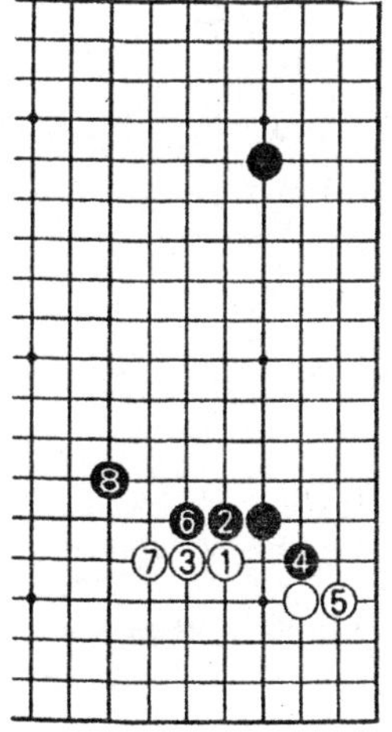

참
고
도

3도

기본도에 이어 흑은 1로 두었다. 얼마나 과감한 발상인가. 그러나 이하 흑5·7로 뛰어, 이 흑의 방법에는 일관성을 느낄 수 없다. 부분의 손익보다 전체의 구도를 중요시 하고 있다. 원래 손실을 우선으로 하는 이런 방법은 아주 무서운 방법이긴 하지만……

참고도

백1 의 날일자로 받아 오면 바로 흑은 2 에서 8 까지로 두려고 하는 것이다.

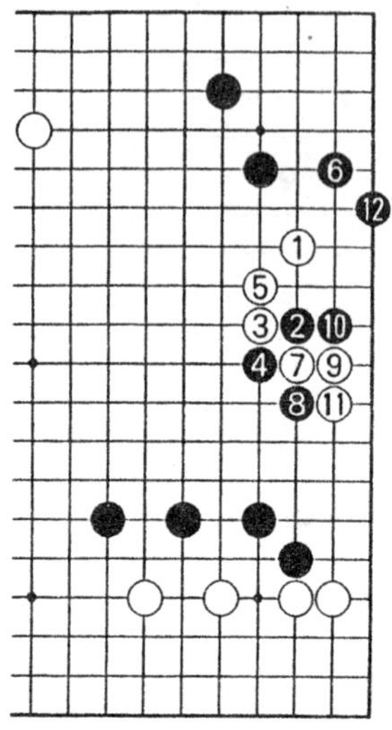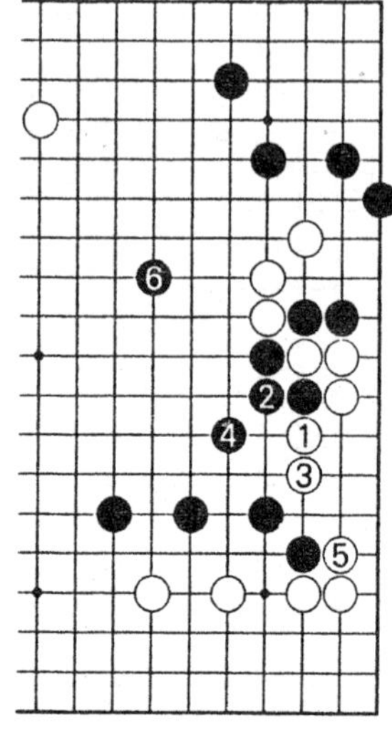

4 도   5 도

4 도

실전의 진행이다. 흑의 주안은 집을 둘러싸려는 것이 아니고 여기서 한번에 혼전으로 뛰어들려는 것이다.

흑6은 그 출현일 것이다. 백7의 끊음을 맞아 흑12까지 그 주지는 일맥상통하고 있다. 단 흑6에서는 7로 잇는 것이 묘수일 것이다. 실전의 진행은 좀 억지이다.

5 도

이어서 흑6까지로 약간 힘들지만 흑은 어떻게든 자신의 장기형으로 끌고가려는 것이다.

이 결과에서도 알 수 있는 것은 3도와 같은 허풍을 떠는 방법은 상대에게 얻어맞고 이것을 공격하는, 싸움의 그림이 된다는 것이다. 힘자랑하는 사람 혹은 여기서 힘을 키우려 하는 실전파의 작전이라 할 수 있다.

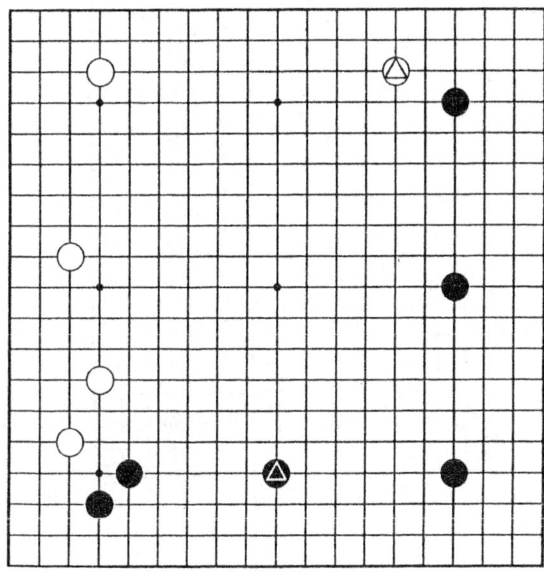

기본도

제3형

프로도 둔 '허풍류'의 비법

1형·2형으로 스케일이 웅대한 방법을 소개하였으므로, 하나 이번에는 프로끼리의 대국에서 취재하여 보았다.

△의 걸침에 흑은 하변 ▲에 두었다. 문제는 상변의 방법인데 여기서 백은 어떻게 두었을까.

여느때와 마찬가지로 너무 상식에 매달리지 말고 자유로운 발상으로 생각해 보자. 혹은 독자도 전례에서 이미 짐작이 갔을지도 모르겠다. 하나 프로라도 이런 식으로 두는 일도 있다는 예이다.

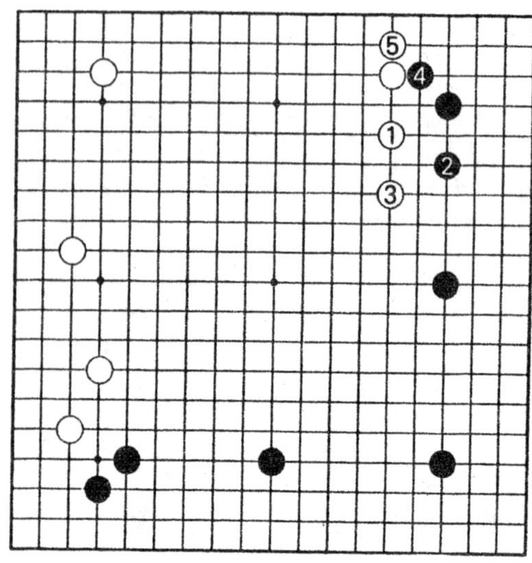

1 도

1 도

기본도에 이은 백은 1·3으로 크게 뛰어갔다. 상당히 자유롭고 여유있는 느낌이 든다. 그러나 백5까지 가고 보면 당신이 흑의 입장에 섰을 때 어떻게 상변에 손을 대면 좋을지가 망설여지지는 않겠는가.

우상귀는 흑에게 집을 주어 손실이지만 상변 일대는 마치 구름을 잡는 듯한 큰모양이다. 여기서 상대가 당황하거나 멈칫한다면 이쪽이다. 상변을 그대로 둘러싸려는 것이 아니라 상대를 다짜고짜 싸움으로 몰아가면 좋다. 자신의 장기형으로 상대를 자신의 싸움터로 끌어들이려면 무엇보다도 적에게 있어서는 미지의 세계로 가지고 가는 것이 제일. 평범한, 익숙한 포석에서는 적도 마스터한 사항이므로 그 이면을 노린 이러한 전법이 아주 유력하다.

그럼 당신이라면 흑의 다음 한 수는?

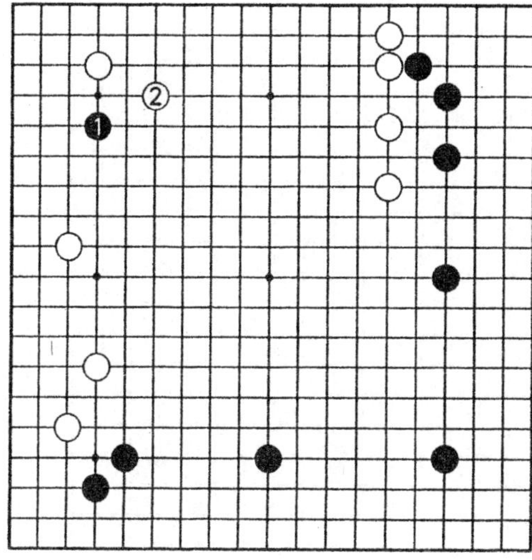

2
도

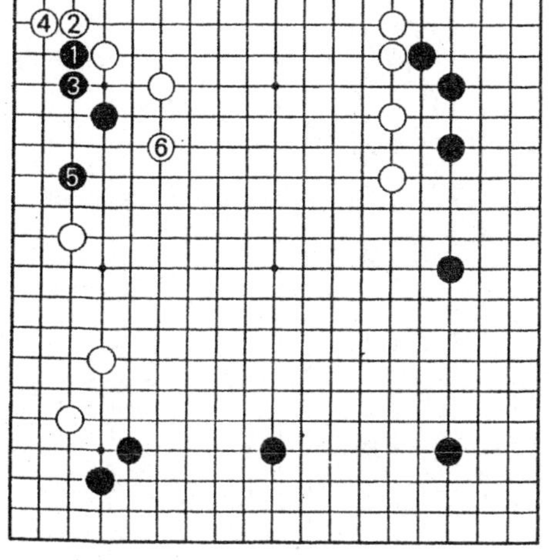

참고도
1

2도

혹1의 걸침
은 이 경우 실
패이다. 백2
의 날일자가 적
당하다. 이어서
참고도 1과 같
이 좌상귀에
작게 움추러들
어 버리면 실
패는 확실하다.

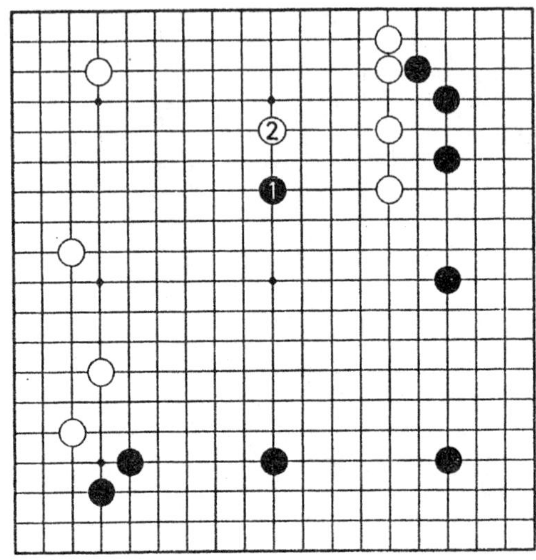

3
도

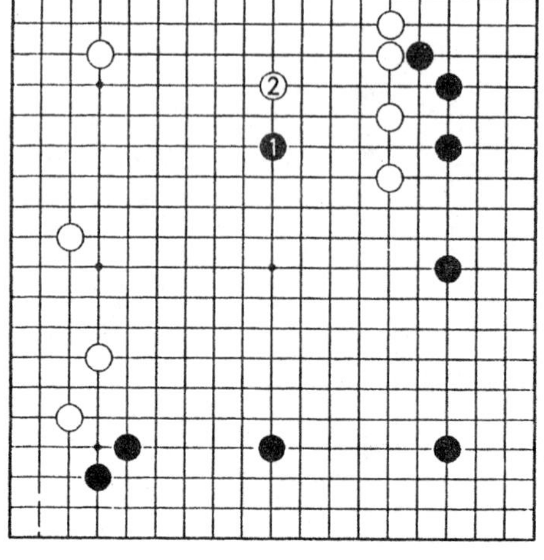

참고도
2

3 도
흑1로 눌리
면 백은 기꺼
이 2로 받는
다. 백의 빈틈
투성이 작전
성공이다.

4 도
실전에서 흑
은 상변으로 직
접 뛰어들었다.
엄한 수이지만

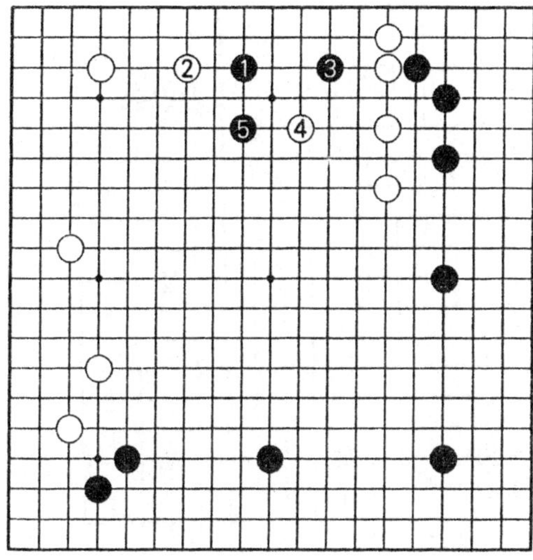

4
도

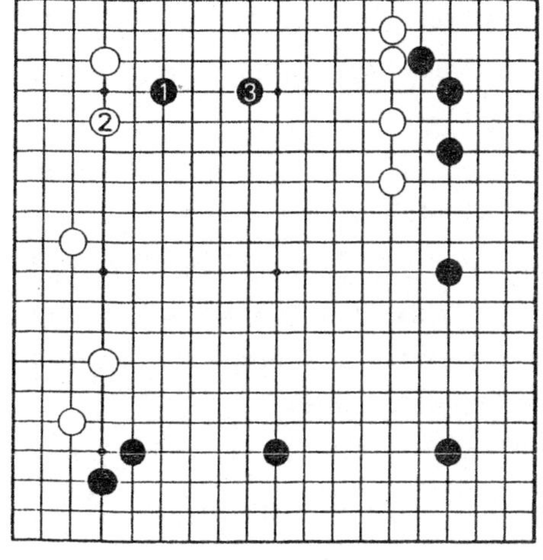

백도 2의 메움
에서 4로 부
채질, 흑으로의
이미지를 보아
둘 것 같다.

참고도 3

흑 1로 배후
에서 걸치는 것
이 좋은 수였
다. 이 편이 흑
도 고분고분하
다.

참고도 3

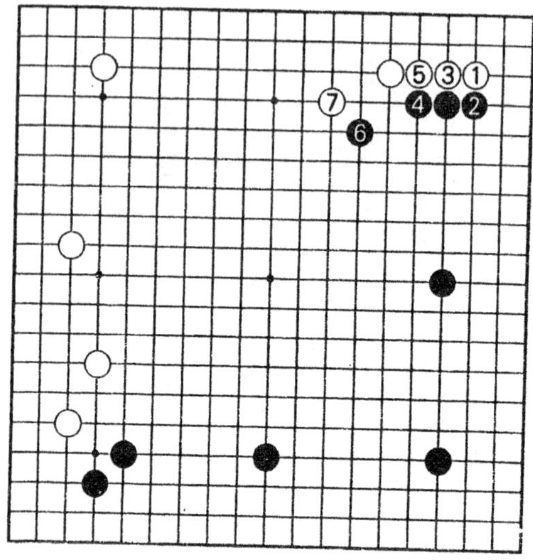

5 도

5 도

원래대로 돌아가 **기본형**에서 백은 5 도와 같이 백 1 로 3
· 3 으로 들어가는 것이 가장 보통의 수이다. 이것은 이것대
로 훌륭한 일국이라 할 것이다.

그러나 선악은 별개로 하고 **1 도**와 같은 방법도 하나의 방
법이 아닐까. 이 형도 포함하여 일련의 문제도를 드는 것은
거기에 손때가 묻지 않은 자유롭고 창조적인 발상이 있기 때
문이다. 특히 허풍을 떠는 방법은 프로들 사이에서는 자칫 빈
틈이 생겨 중단해야만 하는 곳이 있으나 아마츄어들 사이에
서는 크게 효과가 있는 방법이 될 것이다.

같은 승리라면 안달복달하는 승리보다는 유니크하고 스케
일이 큰 승리가 기분도 통쾌하고 즐겁기 마련. 내가 추천하는
이유도 거기에 있다.

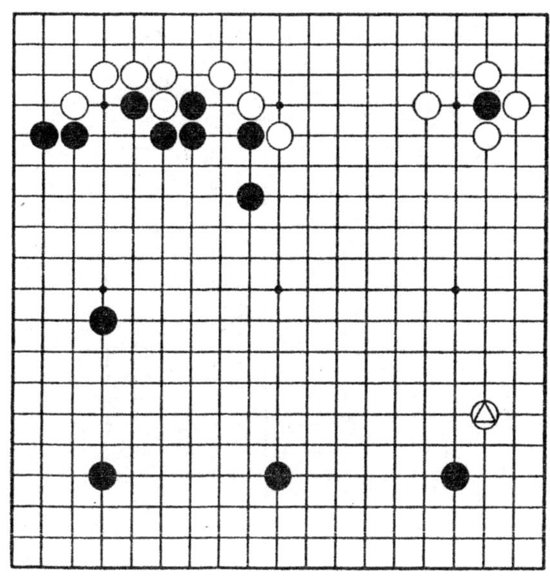

기본도

제**4**형

국부(局部)보다 큰 곳에 눈을 돌리는 큰 모양 바둑의 방법

프로의 대국에서 뽑은 국면이다.

△로 우하귀에 걸쳤다. 국면은 언뜻 보아 흑의 모양대 백의 실리라는 좋은 대조를 나타내고 있다.

그럼 여기서 흑의 모양을 단숨에 확장시키는 방법을 묻고 싶다.

너무 기성의 관념에 매달리지 말고 솔직한 처음 느낌을 중요시하면 된다.

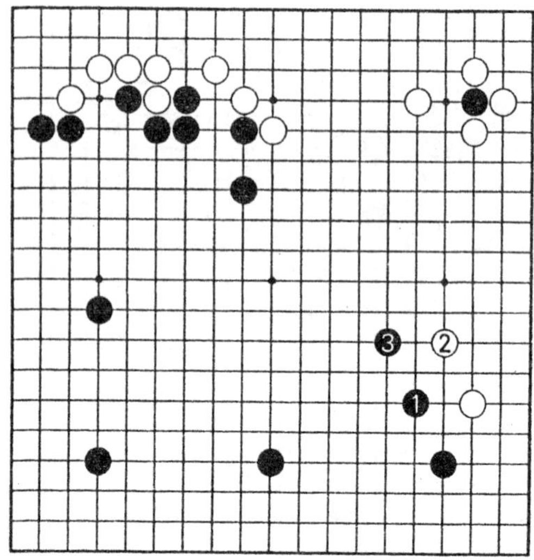

1
도

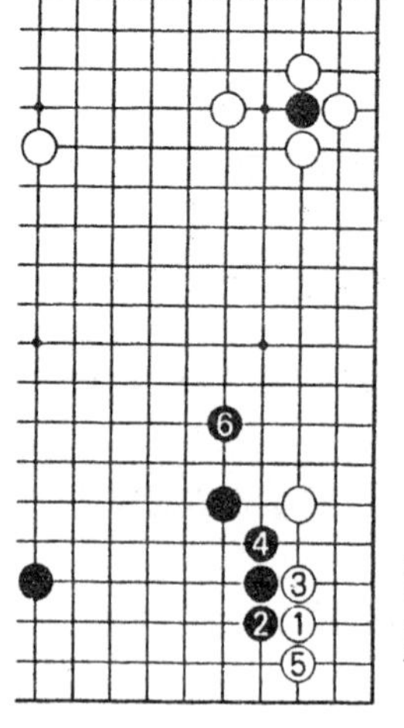

참
고
도
1

1도

흑1의 모자씌움이 절호점이었다. 백2의 날일지로 받으면 다시 흑3으로 씌워가는 느낌이다.

끝없는 흑의 큰모양. 기분이 좋을 것이다. 아마 여러분이 좋아할 수이다.

참고도 1

백2의 날일지에서 백1로 3·3으로 들어오면 신경쓸 것은 없다. 흑2에서 6으로 역시 크게 두면 된다.

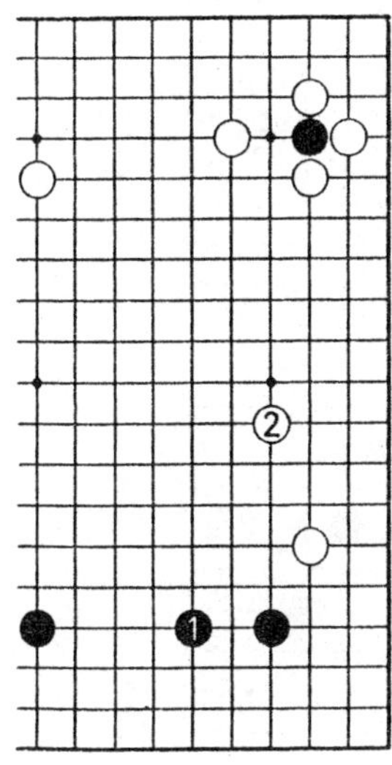

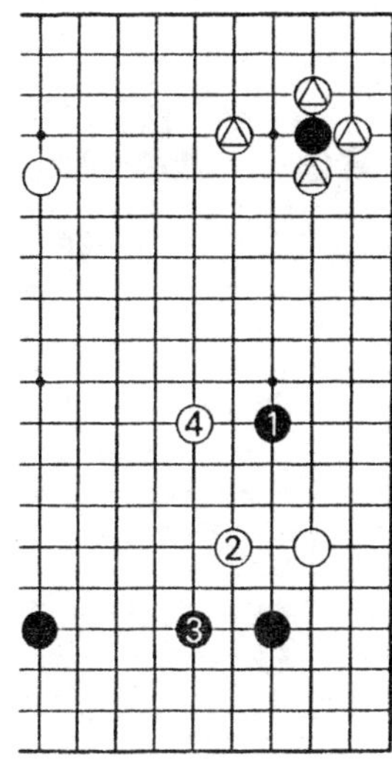

2
도

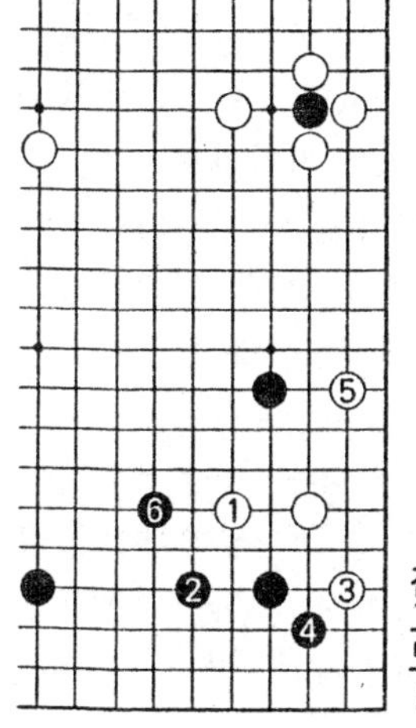

참
고
도
2

2도

기본도에 이어 흑1로 한 칸으로 받는 것은 지나치게 침착. 접바둑의 발상이라 할 것이다. 1도의 흑의 진형과 비교해 보자.

3도

흑1의 협공은 어떨까. 유감이지만 이것은 전혀 방향이 틀리다. **참고도2**와 같은 진행을 기대하는 것은 둔한 한 마디. 백4로 모지씌움하면 쫓기는 것은 흑이다. 이렇게 되면 상변의 △의 강한 돌이 빛나게 될 뿐이다.

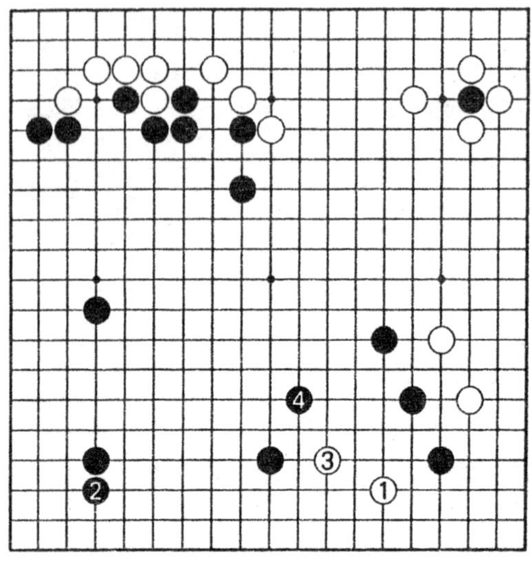

4
도

4도

그 후의 진행이다. 백1로 우하 귀를 안쪽에서 위협해 왔으나 수를 빼 흑2로 좌하귀에 쐐기를 박은 것이 좋은 수였다. 국부에 구애되지 않고 요소를 차지하는 것이 큰 모양 작전의 능숙한 비결이다. 백3에 흑4로 덮어씌우게 되면 흑의 작전은 대성공이라 할 수 있다.

참고도 3

4도 흑2에서는 부분적으로는 본도 흑1의 충돌이 정착이지만 백2로 변화되어 이 부분에서 싸우는 것은 백의 표적이 되어버린 것 같다.

참
고
도
3

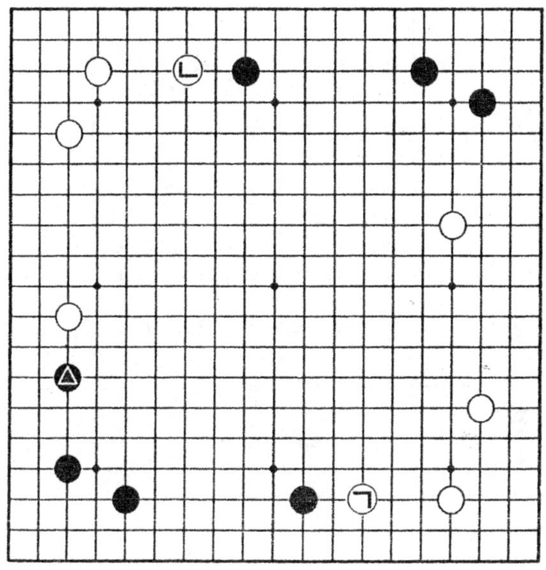

기본도

제5형

개성을 살리는 포석 연구

나의 6단 시대의 바둑을 일국 들어 본다. 나는 백, 상대는 林명인이었다.

●로 두었다. 쌍방 모두 양굴힘이 당당한 포석이다.

다음에 ㄱ이나 ㄴ같은 큰 곳이 눈에 띄는데 여기서 나는 어떻게 포석을 만들어 갔을까. 백의 구상을 묻는다.

바둑이란 폭넓은 것이다. 한번 개성있는 구도를 그려 보자.

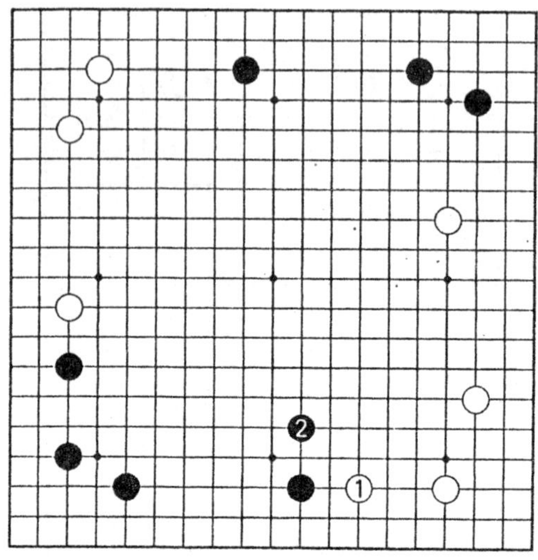

백 1 로 하변을 벌린다면 보통 포석감각일 것이다. 그러나 이것으로는 흑 2 의 뜀이 아무래도 절호점으로 보이지 않는다.

참고도 1

이후 여러 가지 방법이 있는데 예를 들면 백 1 의 엿보기, 흑 2 에 이어 백 3 으로 뛰는 것도 일책일 것이다. 그러나 이러한 차분한 포석은 나의 기풍에는 맞지 않는다.

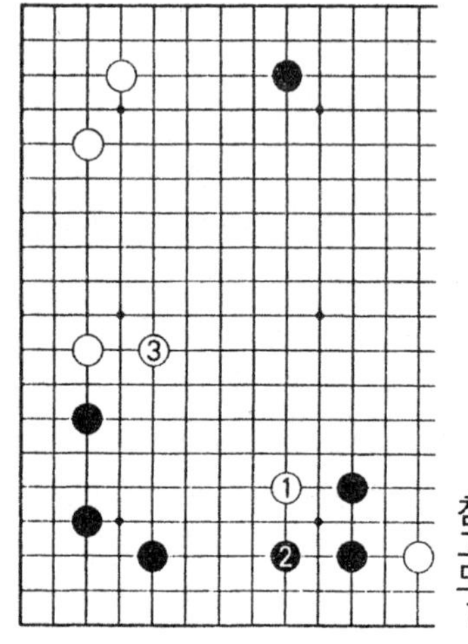

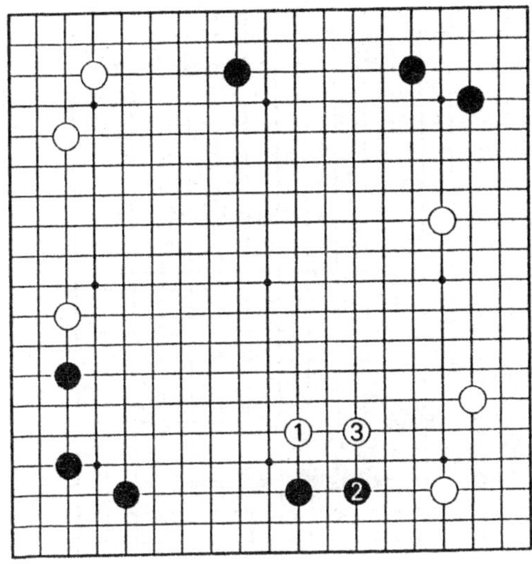

2
도

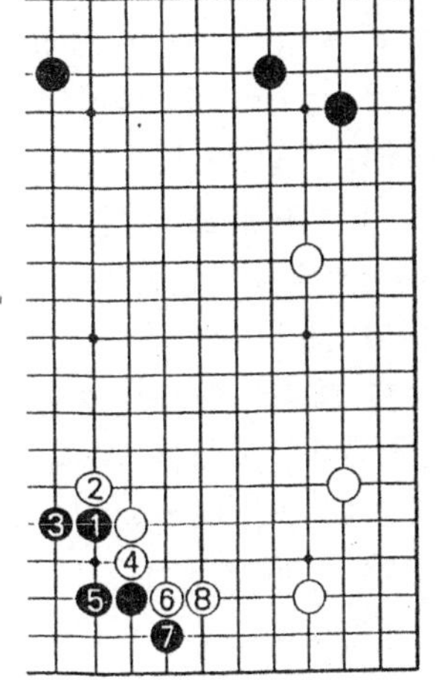

참고도
2

2도

나는 여기서 백1로 모자 씌움하여 보았다. 1도에서 알 수 있듯이 백1을 이 포석의 포인트로 보았기 때문이다. 흑2에서 백3으로 다시 모자씌움. 기분이 날 것이다. 장기의 허풍 작전이다.

참고도 2

흑1·3의 붙여뻗음이라면 이하 백6·8로 뻗어 백 둘 수 있다.

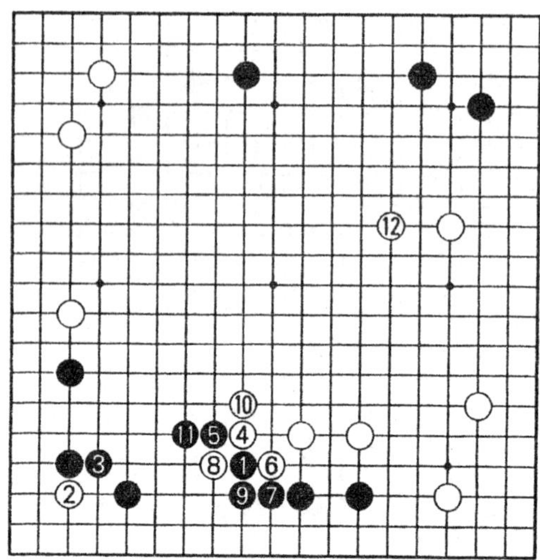

3
도

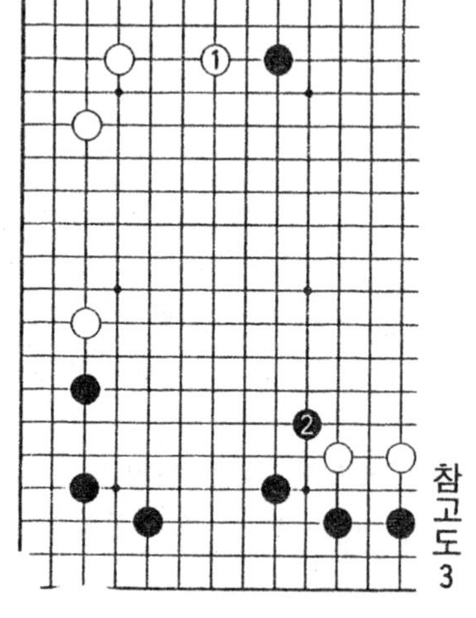

참
고
도
3

3도

실전의 진행을 살펴보자. 흑1의 받음에 백4로 붙임, 이곳을 선수로 처리하여 우변 백12의 한 칸 뜀으로 둔다. 이 그림은 또 내가 2도에서 그렸던 구도였다.

참고도3

3도 백4의 붙임이 2도의 모자떠움을 낳은 후속수. 이것으로 상변 백1로 집의 큰 곳을 두면 흑2의 걸침이 절호가 된다.

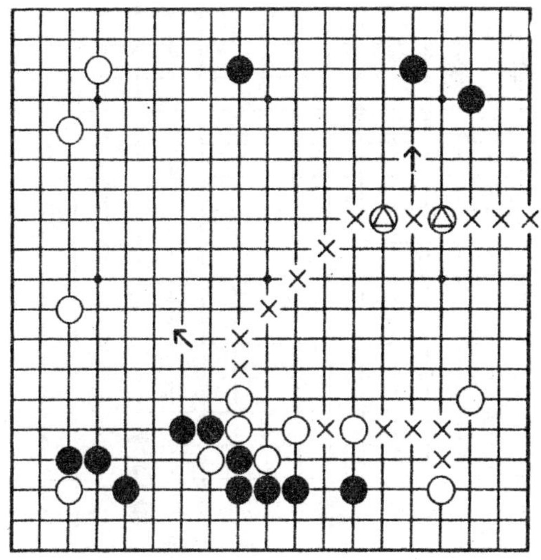

4
도

4도

3도까지를 다시 재게하였다. 백의 진형은 입체적이며 스케일이 크다고 생각되지 않는가. ×표로 둘러싼 방대한 백 모양과 화살표로 나타낸 한복판을 향한 눈에 보이지 않는 돌의 힘이 있다. △과 우변의 사이의 넓이가 이 구도의 가치였다.

참고도 4

또한 3도 백 12 중앙 뜀이 중요한 일착. 이것으로 다른 큰 곳을 두면 흑 1 의 뛰어들기가 있어 백의 작전은 단숨에 와해되고 만다

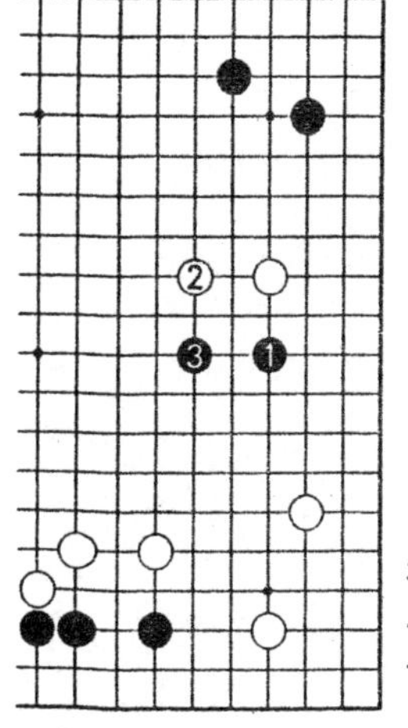

참
고
도
4

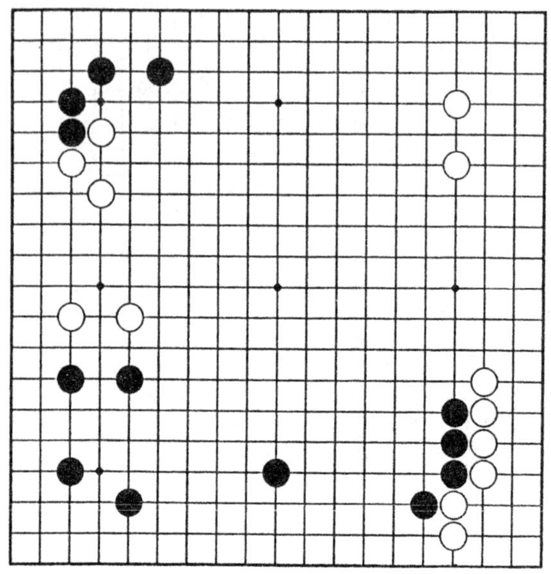

기본도

제6형

'허풍류'의 급소는 천왕산을 쥐는데 있다

큰 모양의 바둑에서 중요한 것이 쌍방의 모양의 초점, 즉 천왕산이다.

'허풍의 기풍'에서는 '천왕산'의 감각을 몸에 익히는 것이 절대 필요하다.

모양이 늘어나는 것도 또 찌부러지는 것도 바로 '이 한 수'이기 때문이다.

자세한 것은 다음 장의 '천왕산'에서 들겠지만 여기서는 한번 예행연습으로 해보자.

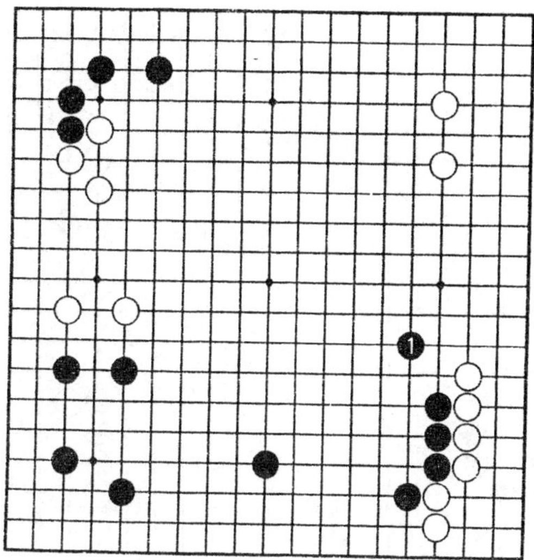

1
도

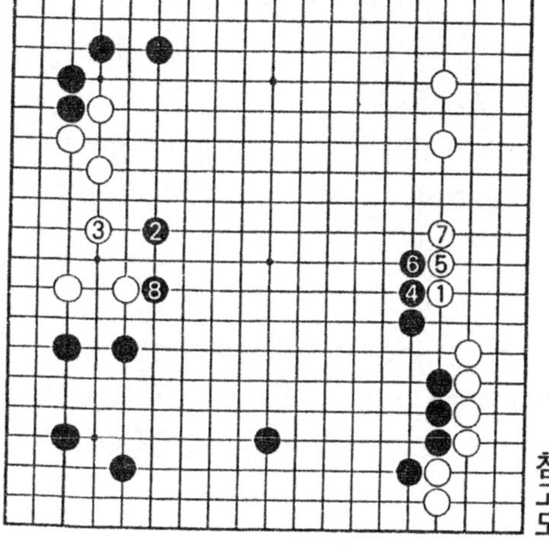

참
고
도

1도
　흑1의 날일
자가　쌍방의
천왕산. 무조건
의 '이 한 수'
였다.
　참고도
　이어서 그림
과 같이 되면
흑 모양은 방
대해진다.

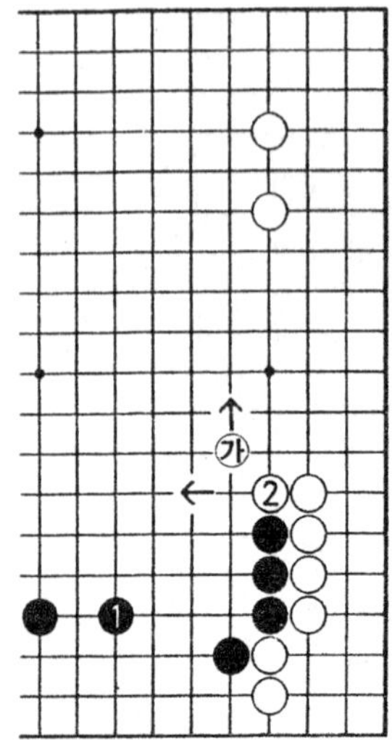

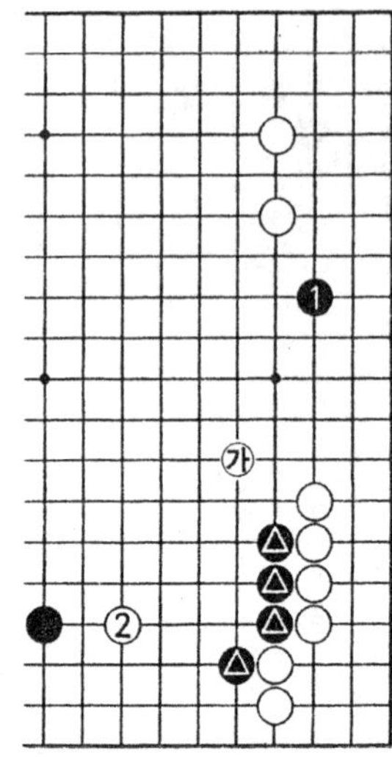

2도

혹1로 단지 하변을 지킨다면 백2의 꺾음이 절호점.

이 경우는 백가의 날일자로 두기 보다도 백2로 꺾어 흑의 돌에 영향을 주게 두는 것이 좋다.

백2가 어느 정도 좋은 점인지 화살표의 작용을 살펴보아도 그 효과를 알 수 있을 것이다. 중앙·변에 대해 미치는 힘이 전혀 다르다.

3도

혹1로 우변으로 뛰어드는 것은 초점이 빗나가 있다.

백2로 하변에 뛰어들면 ●의 흑 넉 점이 피고의 입장에 놓인다. 흑가가 있으면 세력 모두 이루고, 백이 뛰어들어 와도 공격으로 돌릴 수 있다.

1도와의 차를 비교해 보자.

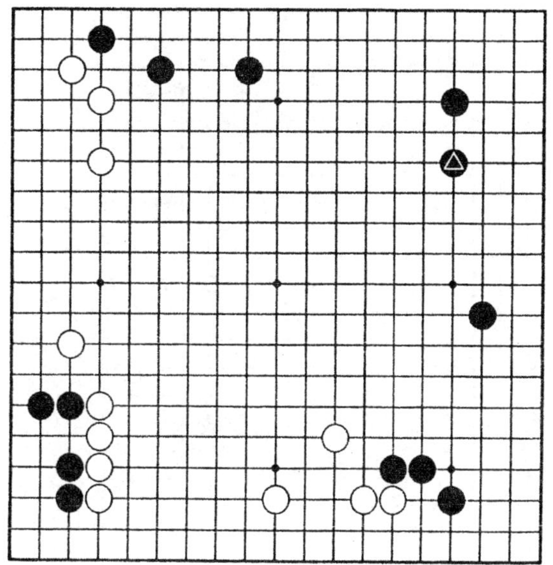

기
본
도

제 7 형

큰 모양을 형성하는 대담한 착상이란

林海峯 9단(흑)과의 일국이다.

⬤로 한 칸에 뛰었다. 백은 하변에서 좌변에 걸치고 흑은 우변에서 상변에 걸쳐 서로 모양 바둑이 되었다.

⬤의 대비는 좋을 것 같이 보이지만 실은 의문이었다. 이 찬스를 잡고 백은 단숨에 리드를 하고 싶은데 그 쌍방 필쟁의 중심점은 어디에?

대담한 착상이 필요한 곳이다.

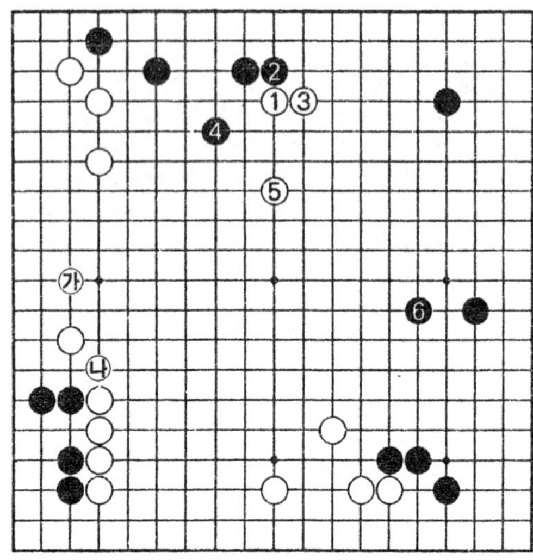

1도

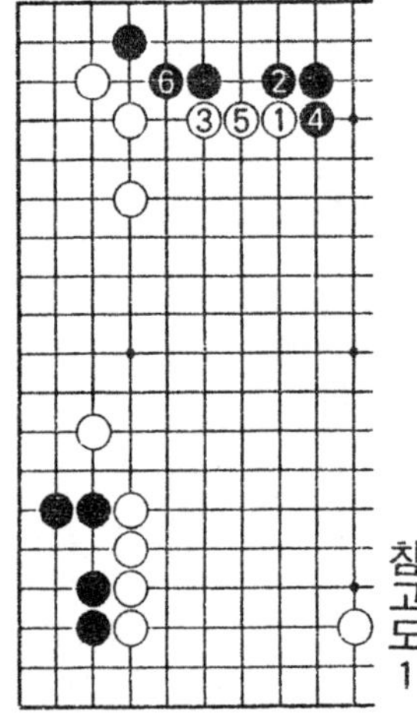

1도

백 1로 상변을 향하는 것은 어떤가. 제거와 좌변의 백을 쌓아올려 호조와 같이 보이지만 흑 6의 한칸 뜀이 흑 절호이다. 이 한 수로 우변의 흑 모양이 단번에 쌓아올려졌다.

좌변의 백은 흑에서 **가**의 뛰어들기, **나**의 젖혀내기 등을 노려 원래 집이 되기 힘든 곳이다.

참고도 1

그 의미에서 **참고도**와 같은 방법도 직접적이다. 흑 4의 꺾음이 좋아진다.

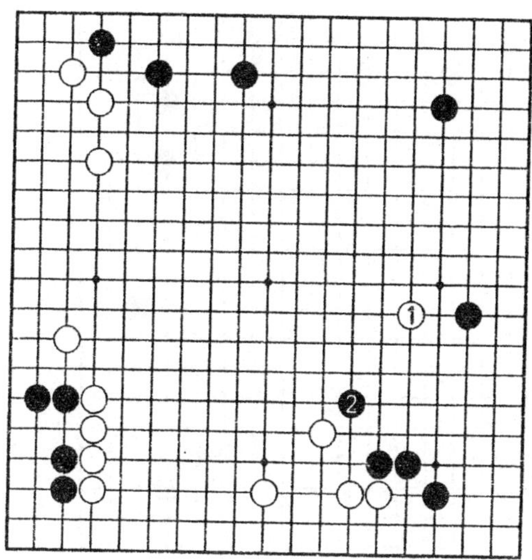

2
도

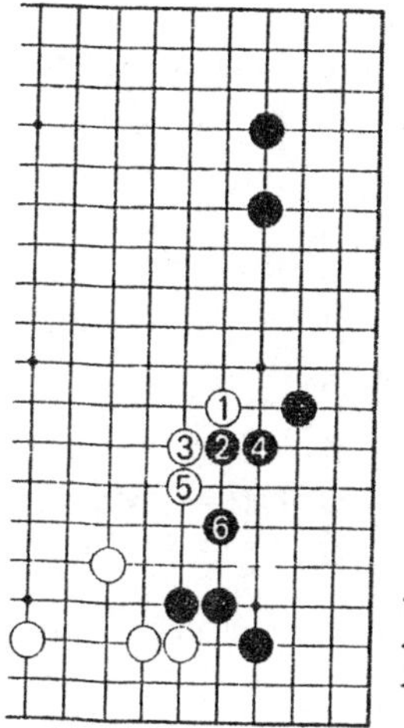

2도

초점은 우변이다. 그렇다면 적의 호점, 1도의 흑6을 먼저 차지하는 것은 어떨까. 좋은 생각이다. 그러나 유감이지만 이 수로는 돌이 깔려 있지 않으므로 흑2의 반격을 허용하게 된다. 이곳을 찢겨서는 백은 안된다. 다음에 백에게 우변에 별 특별한 수가 없다. 단 **참고도 2**와 같이 흑 둘러싸는 것은 백의 모양이 크다.

방향은 좋았지만 한걸음 내딛기에 충분치 않은 느낌이다.

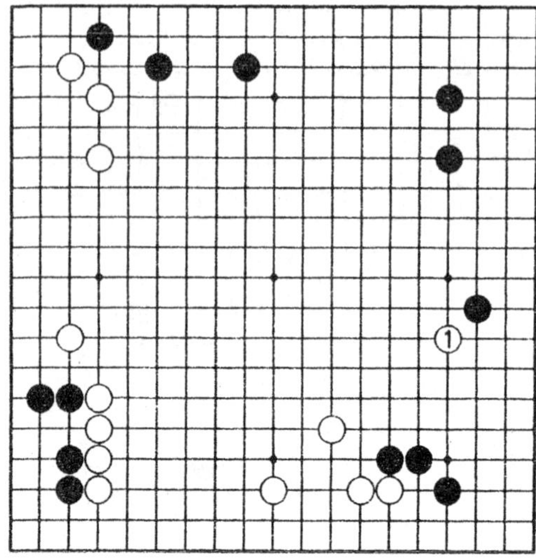

3
도

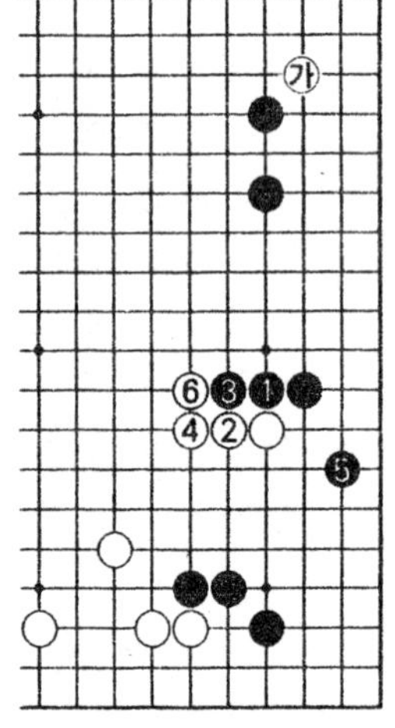

참
고
도
3

3 도

백 1 의 어깨붙임이 정해. **기본도**
에서 이 백 1 의 수를 맞대는 것은
예리한 감각의 소유자이다. 그럼 왜
이 수가 좋은지를 설명하자.

참고도 3

혹 1 로 밀어올리면 백 2 이하 **6**
까지 빈틈없이 옮겨와 백 좋다.

백의 모양은 확실하며 우하귀의
혹집도 줄어 있다.

우변에 백**가**의 3 · 3 이 남아
있는 것이 백의 노리는 바이다.

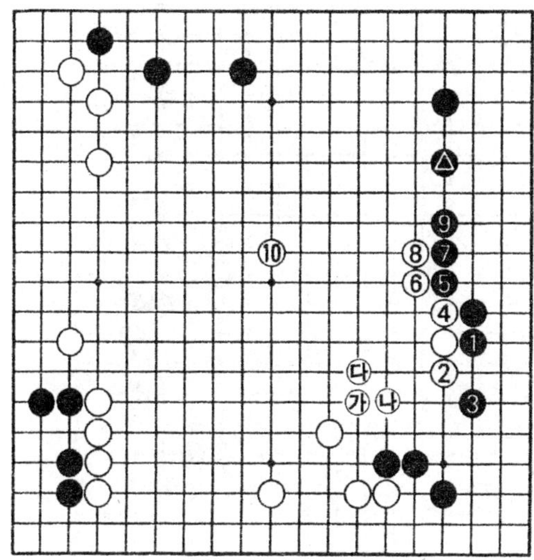

4
도

4 도

실전에서는 흑1·3으로 집을 지어 왔다. 여기서 백은 다시 4에서 6·8로 5선의 밀기이다. 흑9가 되어 흑은 우변을 단숨에 통과한다. 과연 이런 확정지를 만들게 하여 백 둘 수 있을까.

격정할 필요 없다. 이어서 백은 중앙10 근처에 두면 어떨까. 굉장한 백 모양의 출현은 없을까.

이렇게 되면 최초의 ●의 돌도 좀 굳은 기분이다. 우상귀의 3·3이 비어 있는 것도 계산하였다. 이것은 백의 작전 대성공일 것이다.

그렇지만 유감스럽게 실전에서는 백10에서 가로 두었다. 이것은 지나치게 두터운 감이 있었다.

이곳은 흑나 에는 백다 로 머물러 있는 곳이므로 격정할 것은 없었다.

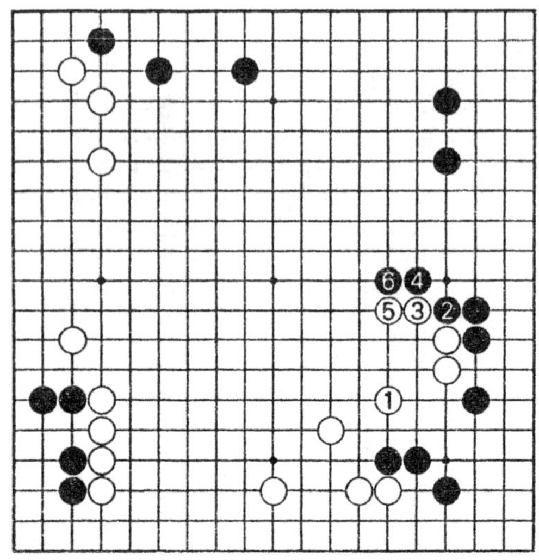

5 도

5 도

4 도에서 중요한 순서는 아낌없이 백 4 에서 우변을 밀어버리는 것이다. 이 수에서 본도 백 1 등으로 후퇴하면 흑 2 이하 점점 밀려나 백은 조금도 갈 수 없게 된다.

참고도 4

본도 백 1 의 날일자도 핀트가 어긋난 수. 돌이 느슨해져 있다. 흑은 당연히 수를 빼고 중앙에 선착할 것이다.

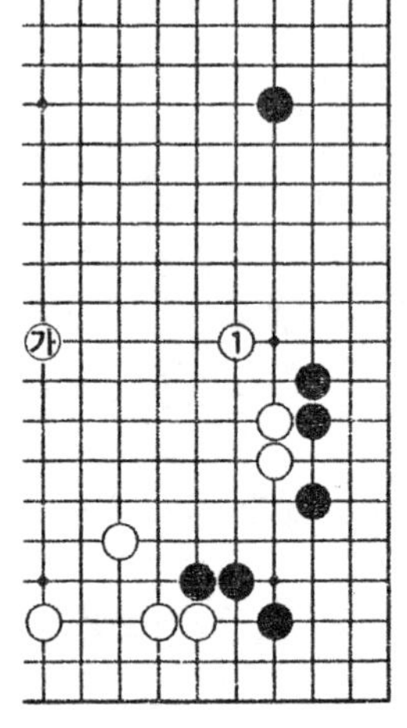

참고도 4

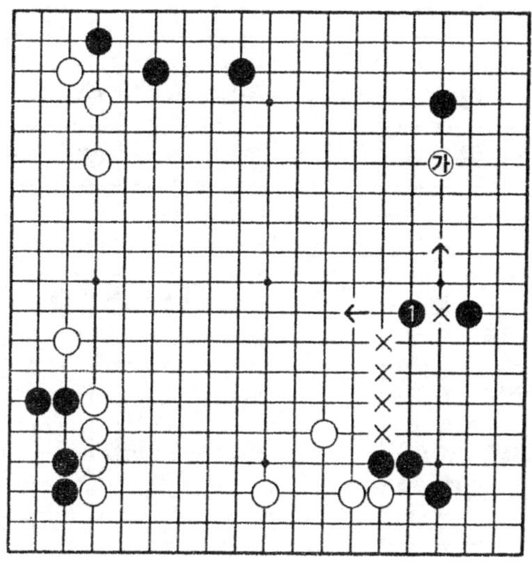

6
도

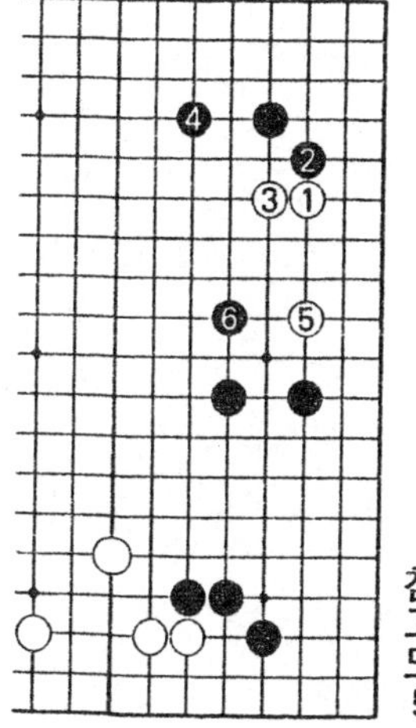

참
고
도
5

6도

원래로 돌아와 **기본도 흑가**에서는 본도 흑1로 중앙을 향해 뛰는 것이 좋은 생각이었다.

화살표의 방향으로의 돌의 작용과 우변의 입체적인 대비가 세력상의 포인트였다.

참고도 5

6도의 흑의 대비라면 백은 좀처럼 오른쪽 위 일대에 들어가기 힘들다.

백1의 걸침이라면 흑2에서 6까지로 옮겨져도 백 신통치 않다.

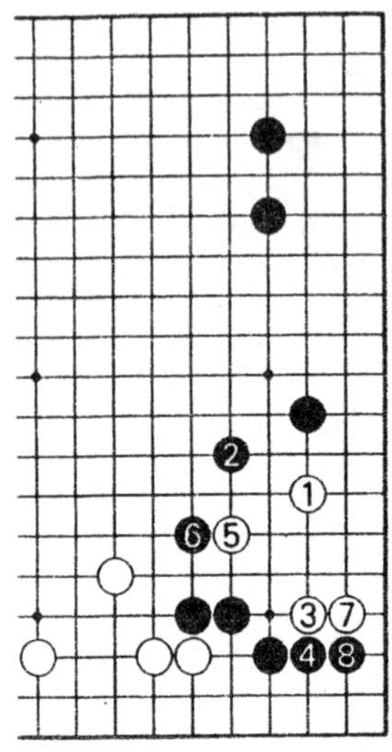

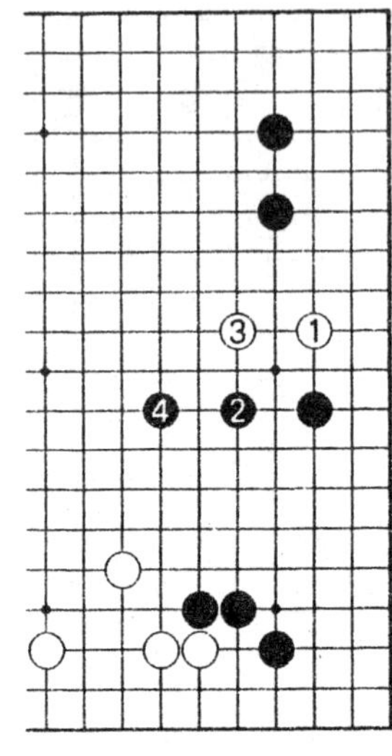

7도

그렇다고는 해도 4도와 같은 대담한 방법은 좀처럼 발상할 수 없을지도 모른다.

무슨 일이 있어도 본도 백1 등으로 우변에 뛰어들고 싶어지지 않을까. 그러나 이것은 안된다.

흑2 이하 봉쇄되어 변에서 작게 살았다 해도 백의 모양은 찾아 볼 수도 없다. 상대의 집에 질투를 하여 대국을 잃은 그림이라 할 수 있다.

8도

이쪽으로 뛰어드는 것도 마찬가지의 결과이다.

흑2 · 4로 평이하게 뛰어나가 백은 공격받으면서 좌변으로 밀어닥치게 된다.

어느쪽이나 전국의 밸런스를 생각할 수 없는 좁은 발상이다. 다시 한번 3도에서 4도의 백의 방법을 음미하길 바란다.

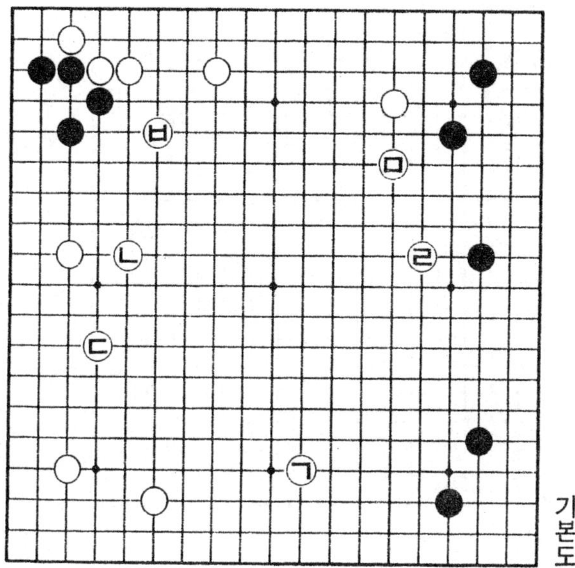

기본도

제8형

유연하고 입체적인 모양의 전개

일직선으로 밀어 벽을 만들고, 모양을 전개하는 방법은 누구에게나 이해하기 쉬울 것이다. 그 점, 3연성 따위는 그 대표적인 모양의 바둑이라 할 수 있다.

그러나 언뜻 보기에 평범한 듯한 포석에서 모양의 바둑을 만들어내려면 상당히 고도의 감각이 필요하다. 직선적이 아닌 만큼 유연하며 함축성 있는 발상을 요구하기 때문이다.

ㄱ에서 ㅂ까지 여러가지 두고 싶은 곳이 눈에 띄는데 여기서 백은 어떠한 구도를 그려갔을까, 그 구상을 묻는다. 백의 한 수째에서 세 수째까지를 생각해 보라.

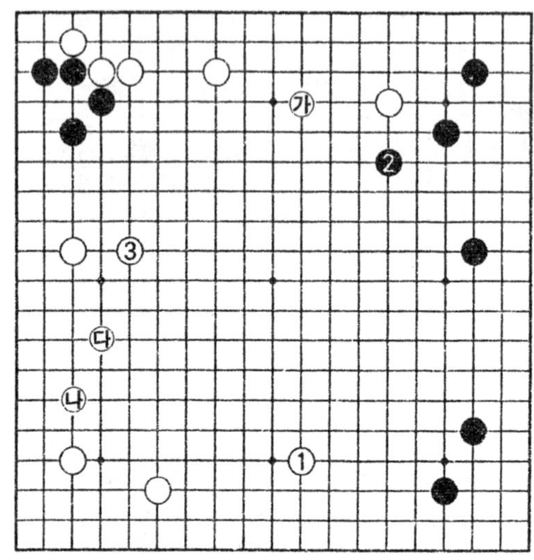

1도

하변 백1의 벌림이라면 만족스런 큰 곳이다. 물론 이것으로 나쁠 리 없다. 이 수를 생각한 사람은 잘못이 없다.

그러나 굳이 말하자면 좀 생각이 모자란다고 할까, 그런 느낌이 없는 것도 아니다.

백1이라면 흑2의 모자씌움이 크다. 다음에 상변 흑가 주위의 뛰어들기를 볼 수 있다.

이어서 백3으로 뛰어 왼쪽 아래가 큰모양이라는 것은 좀 둔한 감이 있다. 흑나로 뛰어들어도 백은 와르르 무너진다.

백3에서 다의 수비라면 무난하지만 생각이 없는 수일 것이다.

백1에서 좌변 다의 수비라면 더욱더 소극적이다.

트를 말하면 나는 상변을 중심으로 구도를 그려 갔다.

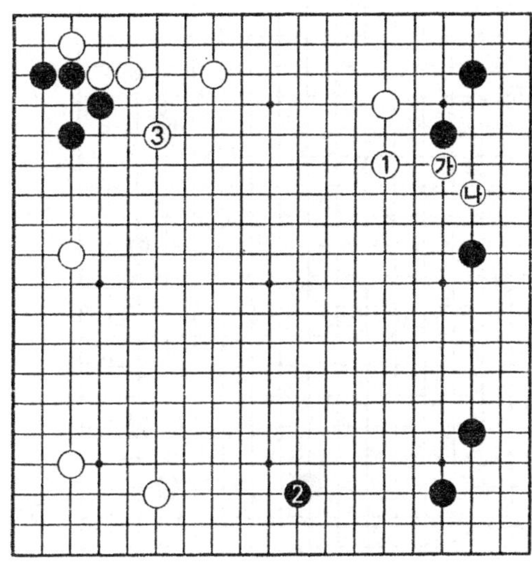

2
도

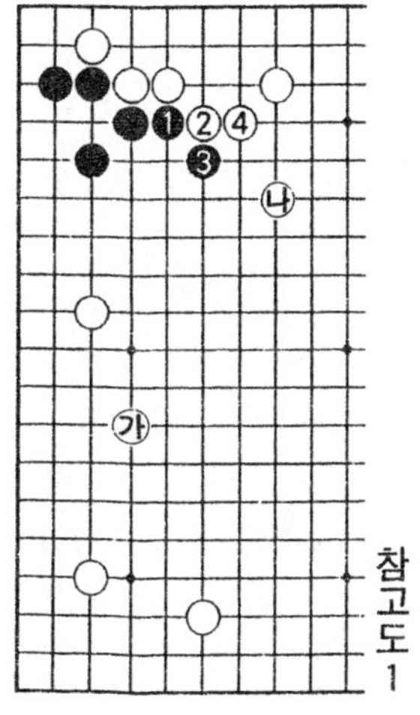

참
고
도
1

2 도

1도에서 알 수 있듯이 여기에서 백 1 로 뛰는 것이 여유있는 수였다. 후에 백에서 **가 나 나** 를 보고 있다. 당연히 혹은 하변으로 벌려왔으나 이어지는 백 3 이 백 1 로 관련된 호점. 이것으로 갑자기 상변이 올라 갔다. 이 백 1 · 3 의 호흡을 꼭 기억하길 바란다.

참고도 1

혹 2 에 앞서 혹 1 · 3 으로 선수를 살릴 수는 있으나 이번에는 백 **가** 로 지킬지도 모르고 또 백 **나** 의 호점도 남는다.

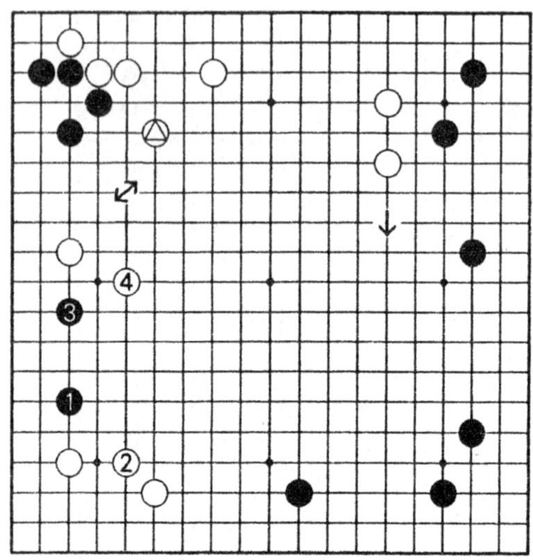

3
도

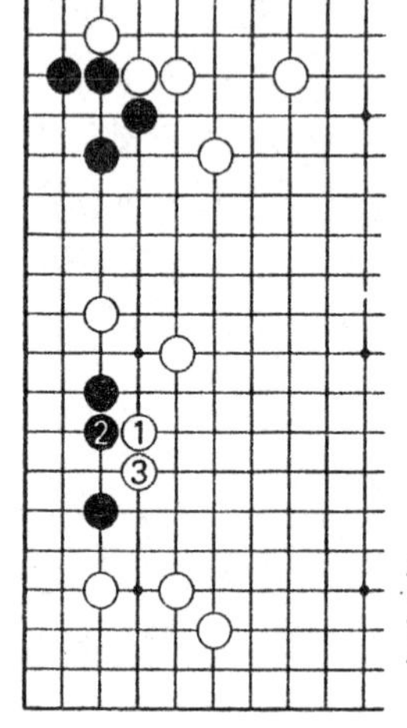

참
고
도
2

3도

이어서 실전에서는 흑1·3으로 좌변을 침범해 왔다. 이미 피할 수 없는 뛰어들기이다.

여기서 백4의 날일자가 호수였다.

△와 백4의 사이가 맥을 쥐고 화살표의 작용과 어울려서 상변의 백 모양이 어느틈엔가 깊어졌다.

참고도 2

3도에 이어 백1의 걸침이 엄하다. 이 수가 있으므로 3도의 백 모양은 본집 이상으로 넓다.

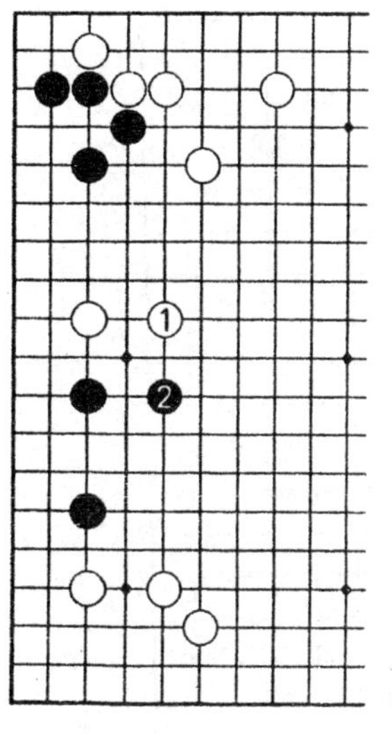

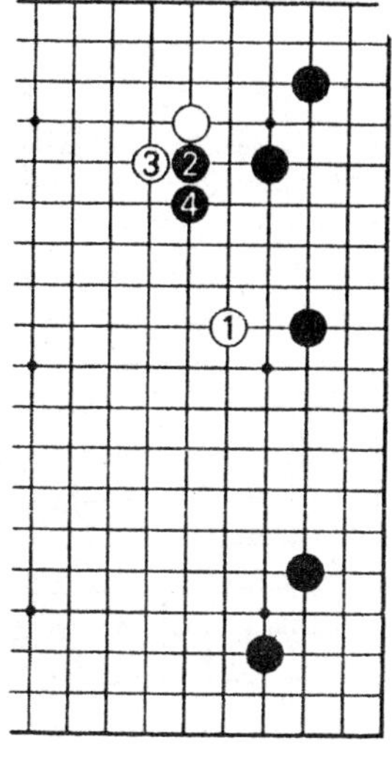

4도

3도 백4에서 본도와 같이 백1로 한 칸에 뛰는 것으로는 모처럼의 백 모양 형성도 느껴지지 않는다. 당연히 흑2로 이어 뛰어버릴 것이다. 이것은 흑이 즐거움을 맛보고 있다. 참고도 2와 비교하라.

5도

기본도로 돌아가 본도와 같이 백1로 우변에 모자씌움하는 것은 흑2 · 4로 반발당할 것 같다.

이 문제와 같이 직접적인 수가 아닌 여유있는 수에 진짜 의미에서의 포석 감각의 맛이 있다.

좀 고급이었는지 모르겠으나 다시 한번 2도의 백의 콤비네이션을 음미해 보자.

이 문제를 바로 감지한 사람은 물론 고급 감각의 소유자라 해도 좋을 것이다.

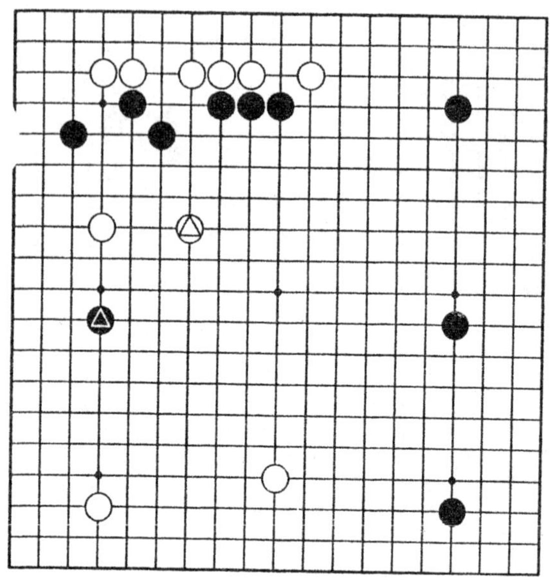

기본도

제9형

웅대한 공격으로 거대한 집을 만들어 보자

지금까지의 문제가 처음부터의 허풍·큰모양 작전인데 비해 이 문제는 그 허풍류를 공격에 이용한 예이다.

아마 고단자끼리의 대국에서 취재하였다.

●로 협공, △로 피했다. 여기서 흑은 어떠한 공격을 하였을까.

한번 흑의 입장이 되어 허풍류 공격의 대작전을 생각해 보자.

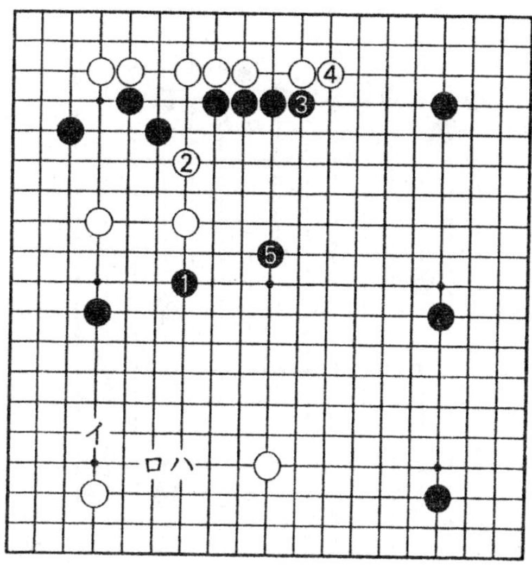

1
도

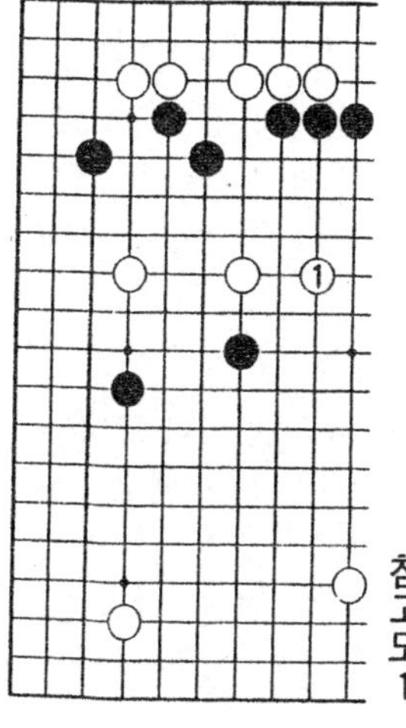

1도

여기서 흑은 1의 눈목자에서 백 2에 흑3으로 하나 밀고, 다시 5로 크게 공격해 갔다.

백돌은 윗변의 흑의 벽 쪽으로 밀어 붙여 기리에도 들어맞는다. 또한 흑1에서 흑가, 백나 의 교환함을 하지 않는 것은 후에 흑다 주위의 뛰어들기를 살피고 있는 것이다.

참고도 1

1도 백2에서는 본도 백1로 피하는 게 좋다.

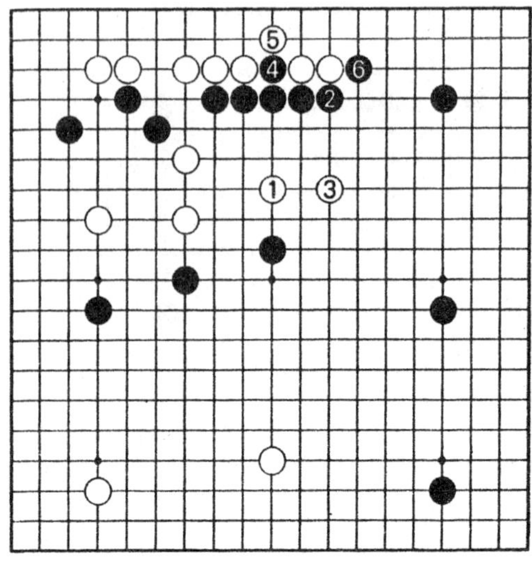

2
도

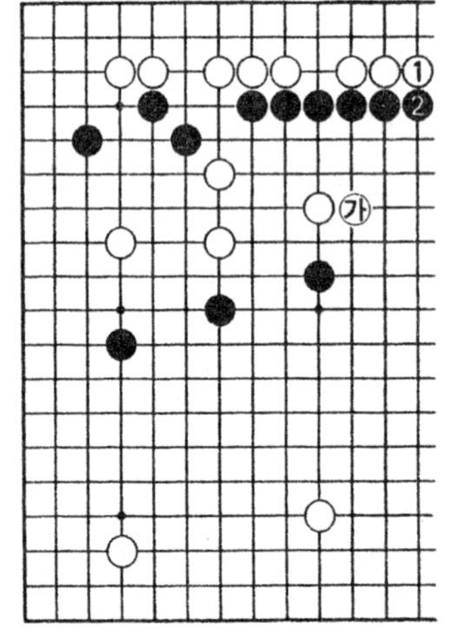

2도

실전의 진행이다.

백1·3의 질주에 흑은 **6**으로 견실하게 상변으로 돌아가 충분한 분석이다. 계속 중앙의 백돌은 확실하지 않다.

참고도 2

2도 백3은 하는 수 없을 것이다. 이것으로 백1로 상변을 지키는 것은 흑2로 밀려 나쁘다. 흑은 흑**가**로 강공하는 수도 있을 법하다.

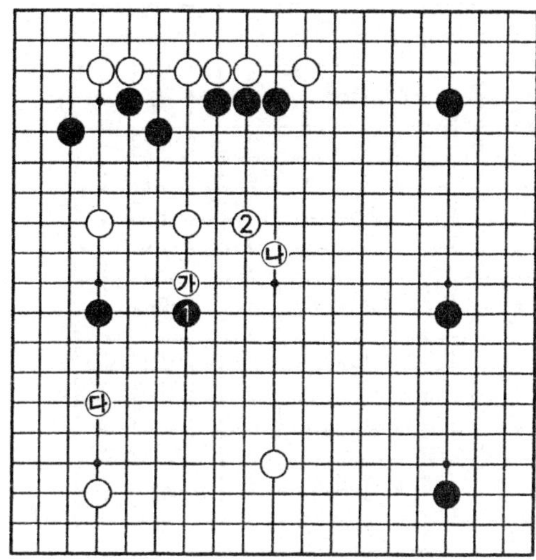

3 도

3 도

기본도로 돌아가 흑1로 두는 것은 어떨까. 1도의 흑가와 비슷한 것 같지만 지금 한 가지 확실한 주장을 느낄 수 없다.

백2로 뛰어도 **1도의 흑가**에서 **나**로 부채질하여 박력에 미치지는 못할 것이다. 비교해 보라.

백2에서는 백다로 버티는 것도 생각할 수 있다.

좋고나쁨은 별개로 하여도 1도와 같은 방법은 그 사람 나름의 느낌이 나오는 것이 아닐까.

단 막연히 상식에 집착하기 보다도 자신의 장기를 키워가는 방법이 즐거운 일이다. 1도는 그 좋은 예라 할 것이다.

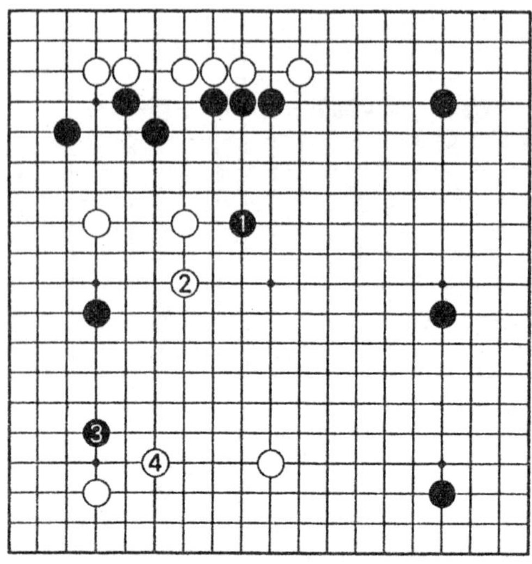

4
도

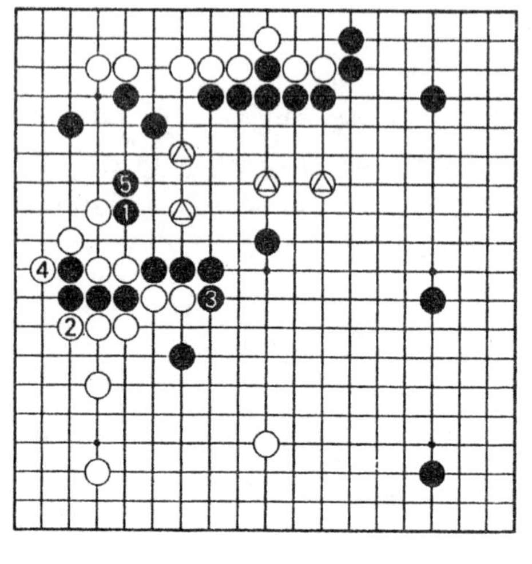

참고도
3

4 도

기본도에 이어 흑1의 모자씌움은 보통의 발상.

참고도 3

그 후 실전에서는 그림과 같이 중앙의 △를 크게 빼앗고, 흑의 작전은 멋지게 성공하였다.

제 5 장

천왕산을 피하지 말라

대국을 제압하는 타법의 비결

이 장의 포인트

일국의 바둑에는 반드시 '이 한 수'라고 할 급소가 있다. 아무리 막연하고 큰모양을 노리고 있어도, 또 빈틈없이 실리에 대해서도 '이 한 수'라고 할 급소를 피해 버리면 그 바둑은 뼈대가 빠져 버린다. 이것이 소위 '천왕산'이다. 특히 앞장에서 소개한 '허풍 전법'과 같은 덤덤한 바둑에는 이러한 절대 피할 수 없는 한 수가 초점으로 나오는 일이 많다.

일국의 바둑의 흐름에는 대소 여러가지 기복과 혹은 몇가지의 실수가 따르기 마련이다. 그러나 이 '천왕산'만 확실히 누르고 있으면 그 후의 사소한 실패는 대단치 않을 것이다.

그 의미에서 이 장에서는 지금까지 이야기해 온 기풍과 방법을 보다 기초적이고 확실한 감각에서 국면을 파악하도록 포인트를 잡아 제출해 보았다.

'천왕산'에는 크게 두 가지의 포인트가 있다.

첫째는 쌍방의 모양의 중심점이라는 것. 둘째는 돌의 공방의 급소라는 것이다.

첫째의 포인트는 어느 정도의 모양 바둑을 두는데 익숙해지면 감각적으로도 파악하기 쉽지만, 둘째의 포인트는 실전에서는 의외로 파악하기 힘든 일이 많다. 또 국면에 따라서는 첫째의 포인트와 둘째의 포인트가 겹쳐 있는 수도 있다. 이러한 경우는 더욱더 피할 수 없는 '이 한 수'가 된다.

어찌되었든 감각을 키우는 것이 우선 첫째이다. 문제를 본 순간, '처음 느낌'으로 떠오르게 되어야 한다. 그렇게 되면 당신의 기풍에도 여유가 생길 것이다.

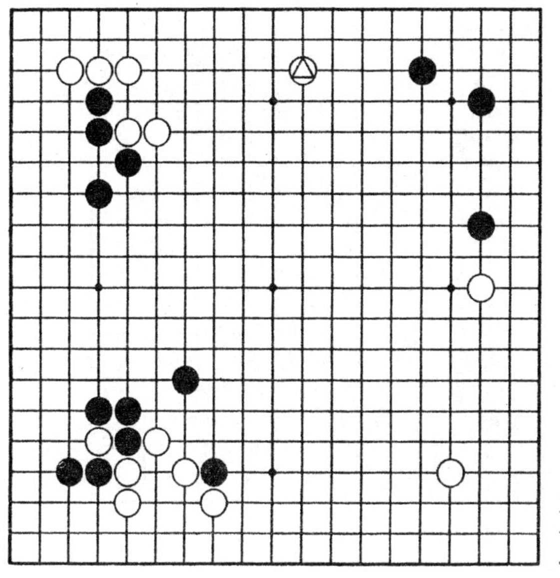

기본도

제 1 형

쌍방의 모양의 촛점이 천왕산이 된다

아마 5 단끼리의 대국에서 나온 그림이다.

△으로 상변으로 벌렸다. 큰 곳은 아니지만 이 수는 좀 문제였다. 흑의 다음의 수가 너무나 잘 맞기 때문이다.

그럼 흑의 다음의 한 수를 생각해 보라.

쉬운 문제이므로 힌트는 주지 않는다.

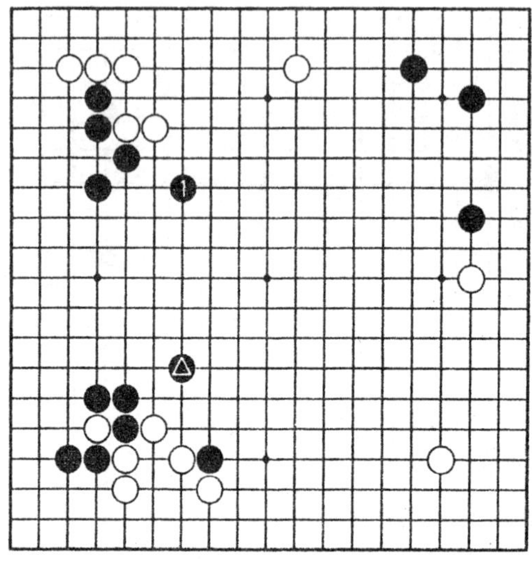

1
도

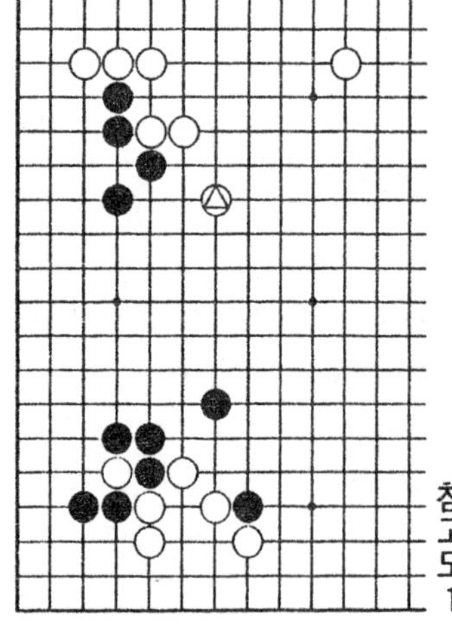

참
고
도
1

1도

한눈에 알겠지만 흑1의 날일자가 바로 쌍방의 중심점, 천왕산이다.

이곳을 날일자로 크게 부채질하면 ●와 호응하여 좌변이 크게 풍성해지는 것을 알 수 있을 것이다.

참고도 1

흑의 날일자 대신에 △를 놓아 보면 그 차는 역력하다.

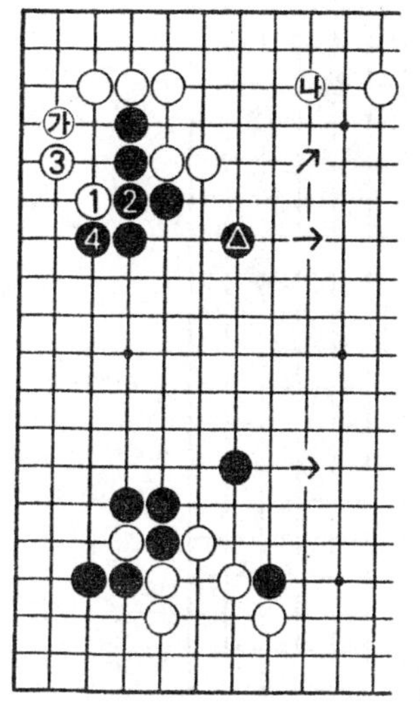

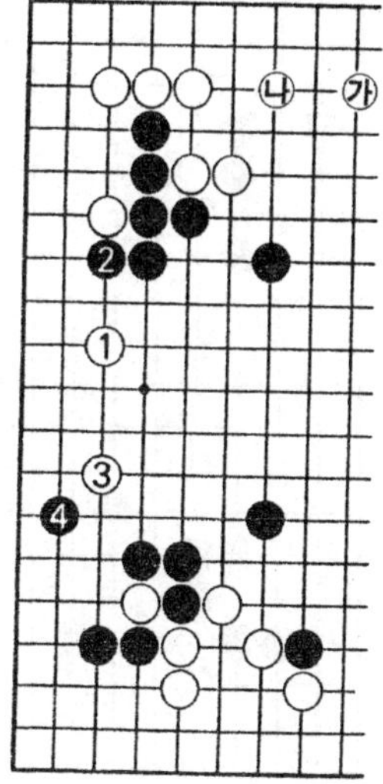

2도

●가 오면 다음에 흑**가**로 좌변의 기슭을 막는 수가 커진다. 백1에서 3으로 오면 흑4로 받아도 좋고, 이것으로 좌변은 거대한 집모양이 된다. 다시 중앙 화살표 방향으로 흑의 세력이 작용하며 흑**나**의 뛰어들기가 유력한 표적이 될 것이다.

3도

그렇다고 해서 2도 백3에서 백1에서 3으로 좌변으로 침입해 오는 것은 흑 크게 환영이다.

흑4에서 백의 눈을 쥐고 공격하면 된다. 괴로운 것은 백이다. 백은 살 수 있을지 어떨지도 모르고, 살았다 해도 흑은 주위가 자연히 두터워지고 손실은 없다. 흑**가** 나 **나**의 뛰어들기가 더욱더 유력해질 것이다.

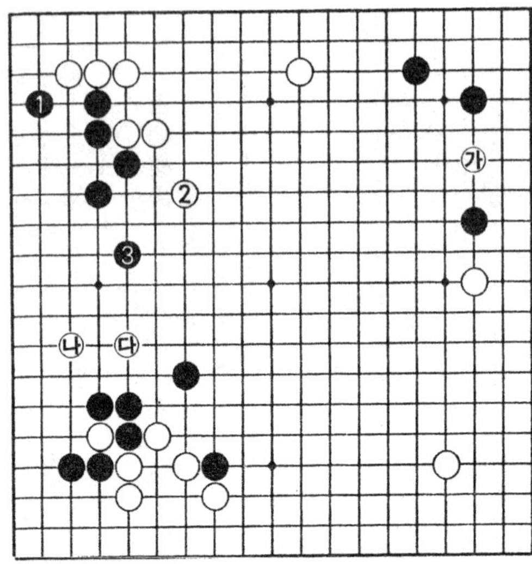

4
도

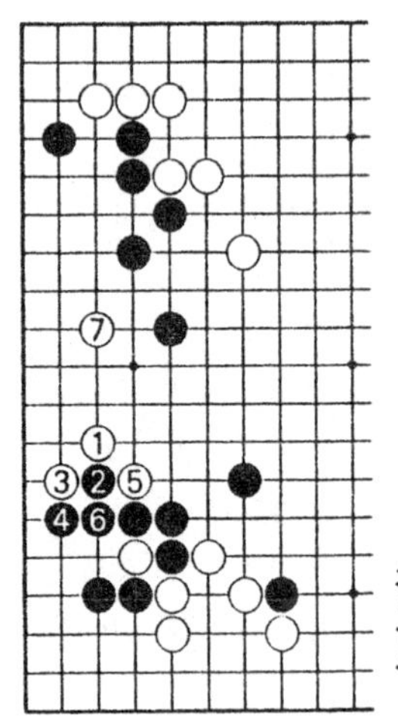

참
고
도
2

4 도

기본도로 돌아가 아무리 좌변이 크다고 해도 흑1로 바로 기슭을 막는 것은 경솔.

백2가 절호의 천왕산. 이것으로 상변의 백 모양이 훨씬 넓어진다. 멀리 우변 백**가**의 뛰어들기도 노릴 수 있을 것이다. 백2가 오고나서 흑3으로 좌변을 지키는 것은 스케일이 작다. 유감이지만 내가 권하는 타입과는 거리가 멀다. 또 집을 지키려고 하면 반대로 참고도2와 같은 수를 노리기 쉬워진다. 2·3도와 비교해 보자.

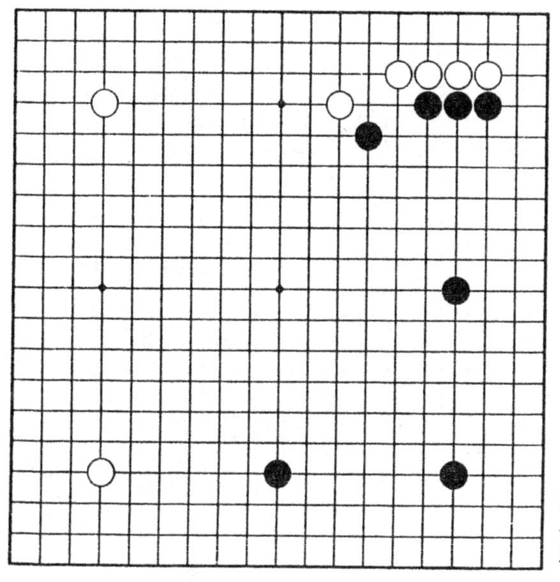

제2형

국면을 간명하게 하는 선이 굵은 방법이란

이 국면을 보고 바로 나의 바둑
이라는 것을 알아차린 사람은 나
의 바둑에 정통한 사람일 것이다.

우상귀는 武宮流의 정석이라 해
도 좋은 형. **참고도 1** △의 걸침
에 흑은 수를 빼고 하변의 화점의
큰 곳으로 선행.

이어서 백1의 3·3 들어가기
에서부터 생긴 국면이다.

우변의 큰모양을 기점으로 가능한 한 국면을 간명하게 이
끌어 갈 굵직한 발상이 요구된다.

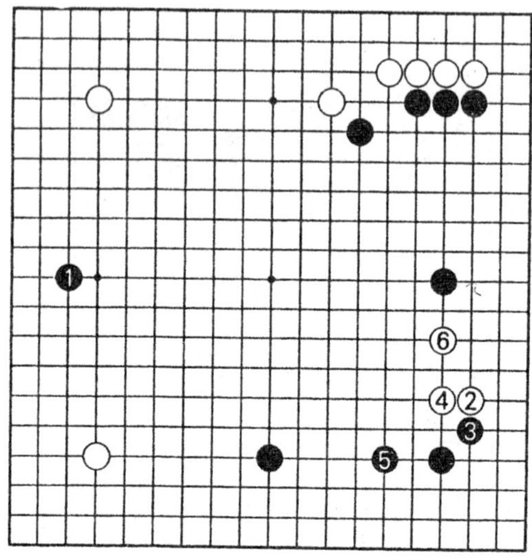

1
도

1도

혹1로 좌변으로 가르는 것은 만족스런 큰 곳. 이렇게 두어 놓으면 좌변의 큰모양 형성을 미연에 제압할 수 있다. 그러나 당연히 백에서도 혹의 모양을 가를 것이다. 예를 들면 백2의 걸침에서 6까지

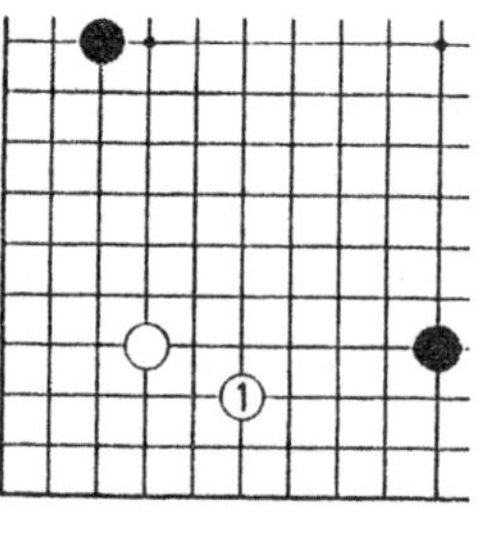

2
도

우변에 자리를 잡는 것을 생각할 수 있다. 이것은 이것대로 훌륭한 포석이지만, 혹이 처음 의도한 우변에서 하변에 걸친 큰모양작전이 변경을 못하게 하는 것은 사실이다. 가능하면 국면을 세분하지 말고 간명하고 응대한 구상을 하길 바란다.

2도

1도 백2에서는 본도 백1로 좌하귀를 빈틈없이 허리를 낮추고 있는 것도 있다. 다음에 하변으로의 뛰어들기를 본다.

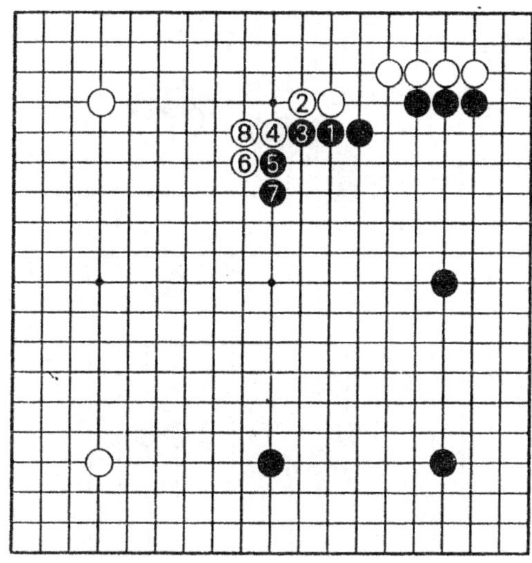

3
도

3 도

여기서 흑은 과감하게 1·3으로 밀어두고 싶다. 5선을 처음부터 밀어 약간 겹

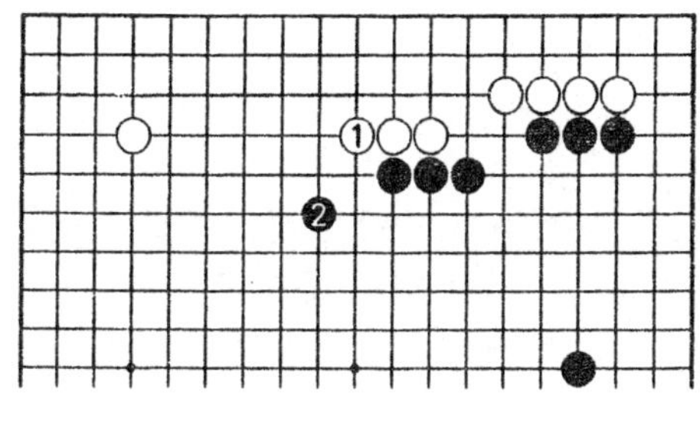

참고도
2

이 났지만 우변에서 하변의 흑의 배치를 살리는데는 가장 간명하다.

이어서 백4에서 6의 2단젖힘은 당연. 이것을 **참고도2**와 같이 백1로 뻗으면 흑2의 날일자가 절호가 된다.

백의 2단젖힘에 흑은 5·7로 뻗는다. 모양의 대비는 멋지다고 생각지 않는가.

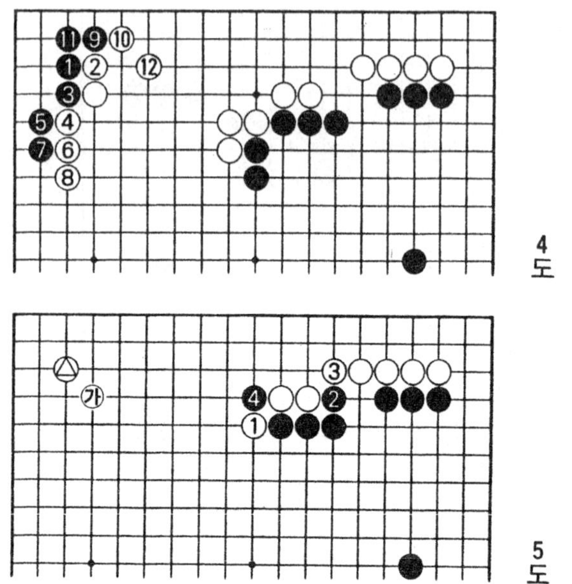

4도

3도의 나뉜 흑이 만족한 것은 좌상귀 3·3에 흑으로부터 뛰어들기가 남아 있는 것도 큰 이유이다.

백2 이하의 변화는 그 일례인데 어떤 변화를 취하든지 3·, 비어 있는 이상 3도의 분열은 흑의 목적대로이다.

5도

흑 좌상귀에 ◬가 3·3에 배치되어 있었다면 이번에는 백1의 젖힘에 흑은 갑자기 2의 출현으로 4의 끊음이 될 것이다. 전도와 다른 흑의 3·3 뛰어들기가 없기 때문이다. 이 싸움은 여러가지의 상정도를 그릴 수 있는데 흑은 가 등의 효과를 보아 충분히 싸울 수 있다.

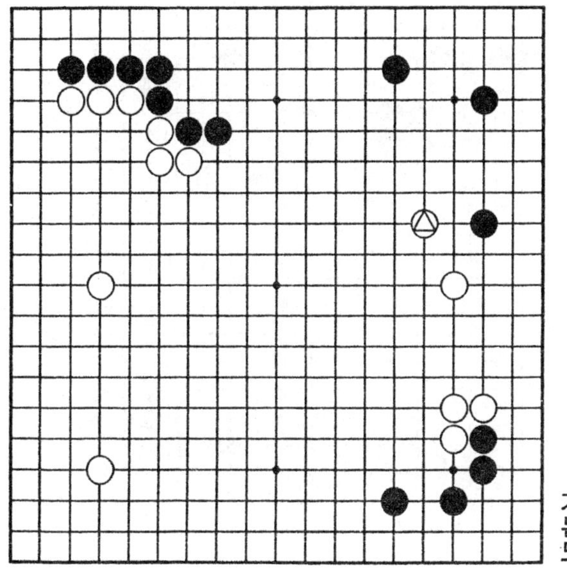

제 3 형

우변과 좌변의 돌이 악수한 큰 모양의 스케일은?

나와 本田邦久 9단(흑)과의 바둑에서 뽑았다.

좌상귀는 앞에서 나온 武宮流 수 빼기 정석의 변화이다. 이 바둑의 공격은 확실히 흑의 실리대 백의 큰모양임에 틀림없다.

백의 큰모양 작전을 완성시키는 다음의 착수는?

초반 서둘러 두고 있는 우변△의 한 점을 작용시키는 착상으로 가고 싶은 곳이다.

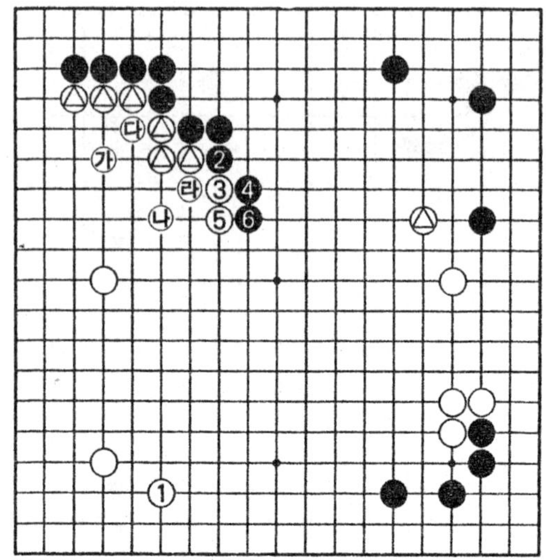

1도

백 1로 하변을 벌리는 것은 큰 곳. 그 밖에 서두를 곳이 없으면 이것으로 좋지만 이 경우는 흑 2의 꺾음이 급소의 한 수가 된다. 소위 '천량꺾음'이라고도 할 천왕산이었다. 이렇게 꺾어붙이면 좌변의 백은 갑자기 궁색해진다.

백 3 · 5로 젖혀뻗고 있어도 스케일이 작고, 또한 우변의 ⓐ는 공배메움으로 나쁜 형이다. 하변은 큰 곳이긴 하지만 급한 곳은 아니었다.

좌변의 백 모양은 굉장히 나쁘다.

흑 가로 3집의 급소를 엿보게 해도 간단히 수가 될 것 같다. 또한 나의 엿보기가 다 · 라의 끊는 방식도 있어 이대로는 도저히 집이 될 것 같지 않다.

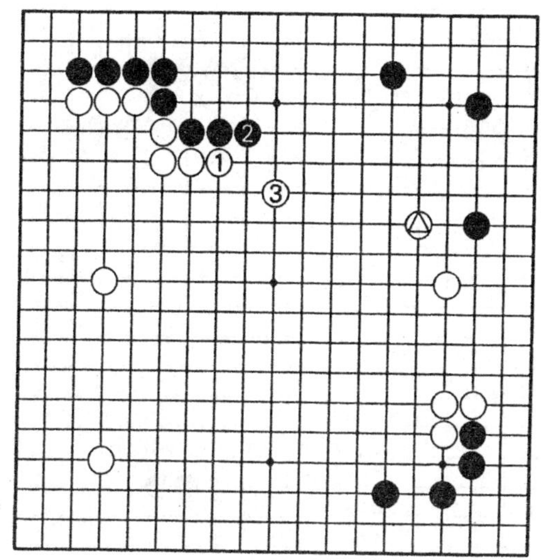

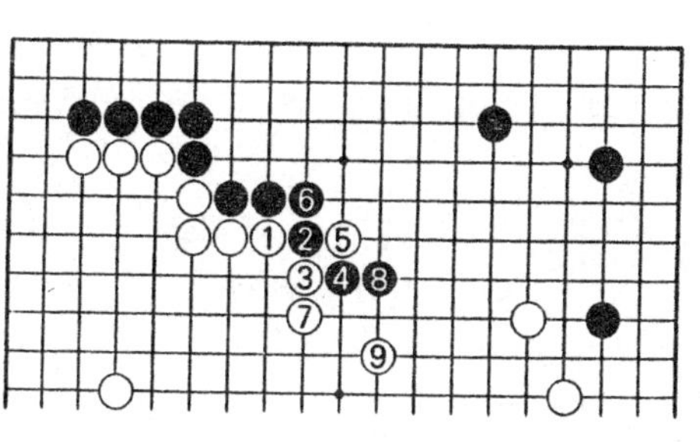

2 도

백 1 의 밀기
가 절대의 한
수. 이어서 흑
2 의 뻗음에 백
3 의 날일자.

이것으로 우변의 △의 한 점과 좌변의 백이 공중에서 크게
손을 잡고, 백의 모양의 스케일은 훨씬 커져 있다. 1도와 비
교해 보라.

3 도

백 1 의 밀기에 흑 2 · 4 로 2 단젖힘하여 오는 것도 백 7 의
뻗음에서 9 의 날일자까지 전도보다 더욱 백의 중앙의 모양
이 두텁고 커, 백 좋다.

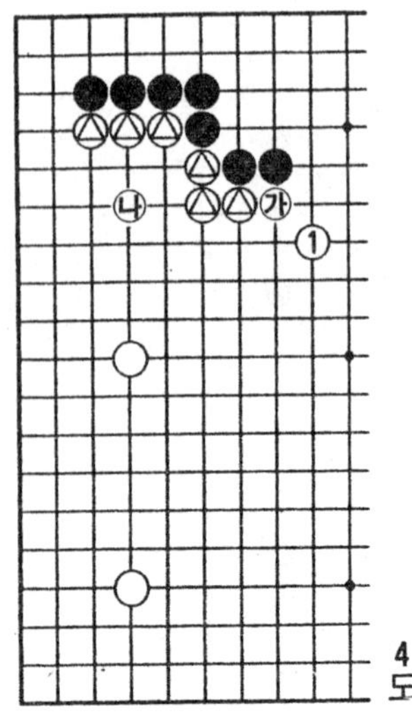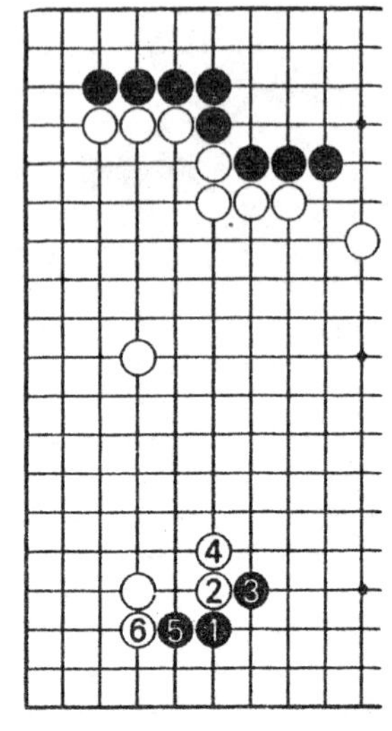

4 도

단 백 1로 단순히 날일자 하는 것은 2도보다도 백은 뒤질 것이다.

1도와 마찬가지로 흑가의 출현을 보아 흑나가 급소로 남아 있다. ◯의 여섯 점이 공배꺾음으로 좋지 않은 모양인 것이 마음에 걸린다.

돌의 방향은 좋지만 돌이 퍼져 있지 않으므로 상당한 감점이다.

5 도

3도의 정해에 이어 흑1로 하변에 걸쳐오면 백2·4의 붙여뻗음.

이것으로 좌변의 백 모양의 골이 한번에 쌓아올려진다.

이 진행이 되면 흑의 실리는 도저히 백의 큰모양에 대적할 수 없다.

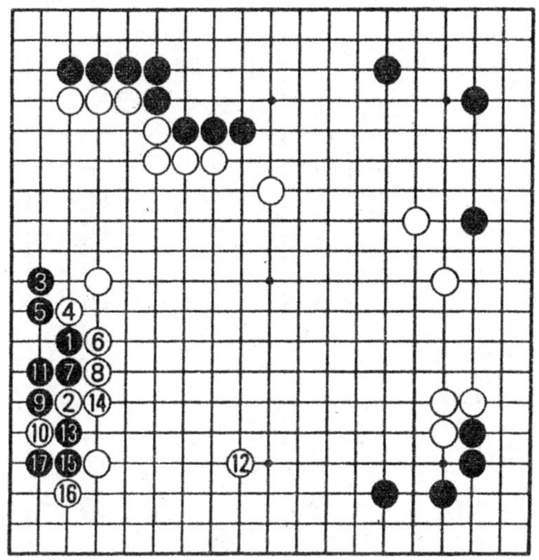

6
도

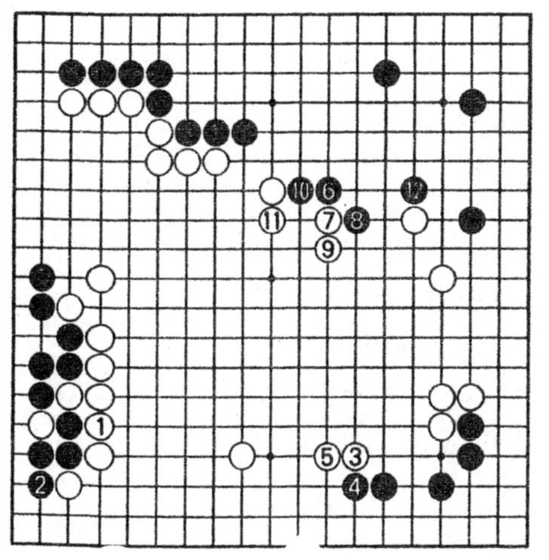

7
도

6 도

참고도 이후
의 실전의 진
행을 나타내 둔
다. 흑 1 의 뛰
어들기에 백은
변을 메워가고,
하변에 선착.
이하 7 도 흑
12 까지 백, 흑
모두 백 집을
넘는 거대한 집
을 둘러쌌다.

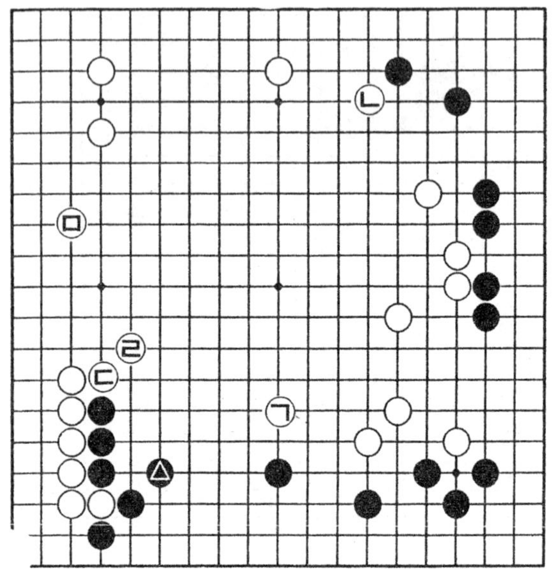

기본도

제4형

진짜 천왕산은 어디

⬤로 하변을 지켰다.

ㄱ과 ㄴ으로 크게 덮어씌워 가느냐, ㄷ으로 빈틈없이 껶느냐, ㄹ로 날일자하여 좌변을 쌓아올리느냐, 혹은 ㅁ으로 좌변을 안착하고 대비하느냐. 다음의 백의 한 수는 어디일까. ㄱ에서 ㅁ까지에서 택해 보자. 가짜 '천왕산'에 주의를.

나와 小林光一 9단(先番)과의 일국에서이다.

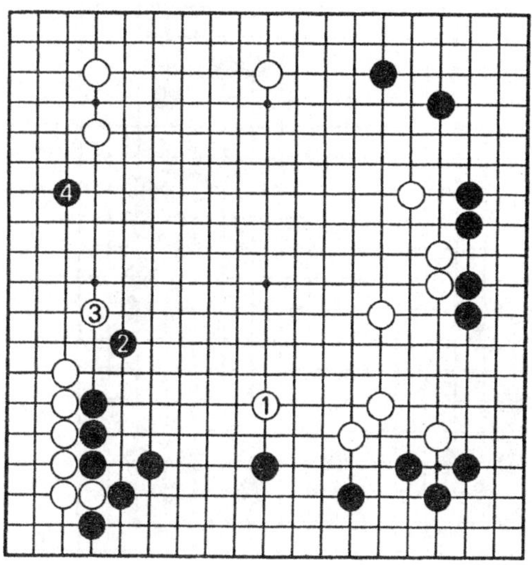

1도

백 1로 하변을 모자씌움하는 것은 중앙의 백 모양을 넓혀 자못기분좋을 것 같지만 실은 아주 둔한 수이다. 흑의 날일자가 절호점. 백 3의 받음에 흑 4로 좌변을 가르고 흑 호조이다. 백 1은 하변의 흑에 대해 영향이 없고, 또 중앙을 수비의 수로 넓히려는 생각은 안된다.

참고도 1

1도에서 백 1이 불급의 일착이라 한 것은 본도 흑 1의 뜀을 서두르지 않는 것에서도 알 수 있다.

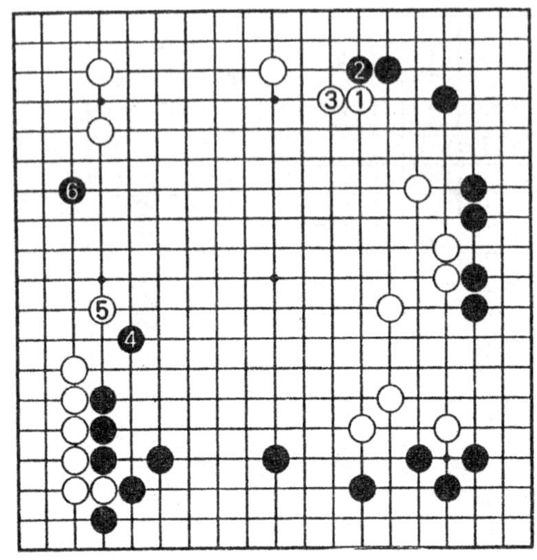

2도

백1로 상변을 봉쇄하는 것은 어떤가.

그러나 이것도 흑2를 하나 기게 하여 4의 날일자가 필쟁점. 백5의 받음에 흑6으로 좌변에 뛰어들면 좌변의 백 모양은 엉망이 된다. 중앙 우측의 백 모양은 흑4의 일착으로 크게 제한받고 있다.

앞으로도 알 수 있듯이 상변 백1의 봉쇄도 불급의 완착이었다. 일견 우측의 백의 모양이 크게 매력적으로 보일지도 모르지만 이것은 아무런 실리를 수반하지 않는 '허세'에 지나지 않는다. 전도에서도 이야기한 대로 상대의 돌에 영향을 주지 않고, 단지 자신의 돌에 연결되고 있을 뿐으로는 효과적인 모양 형성이라고는 말하기 힘들다.

앞에서는 간혹 상대가 의식적인 실리작전으로 일관하였기에 결과적으로 백도 중앙을 크게 둘러싸는 형이 되었다.

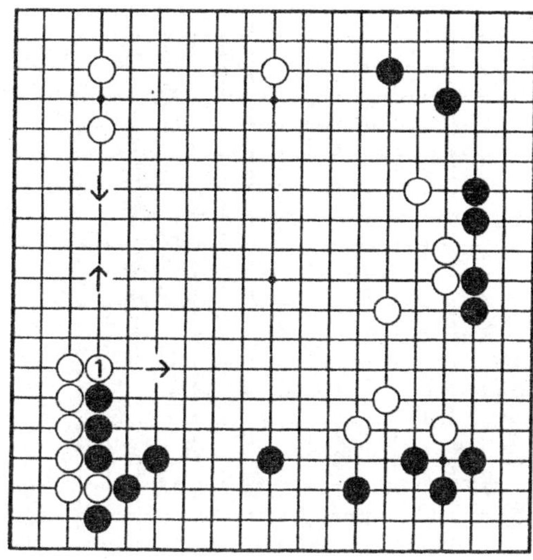

3도

　백 1의 꺾어붙임이 급소. 쌍방의 천왕산이었다.

　이렇게 두면 좌변, 중앙의 화살표 방향으로 단숨에 백의 세력이 작용한다. 멀리 일련의 우변의 백 돌과도 크게 호응하고 있는 것을 알 수 있을 것이다.

참고도 2

　이어서 흑1·3으로 두는 것은 백의 광대한 세력을 두텁게 할 뿐. 백6으로 꺾어 3도와 비교하면 더욱더 백의 전국을 제압하는 역동감을 확인할 뿐이다.

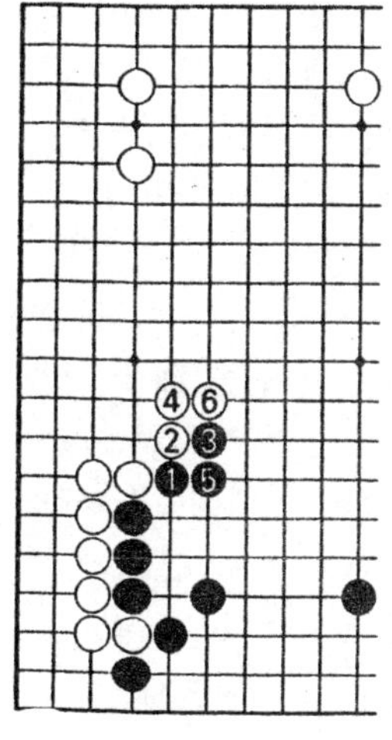

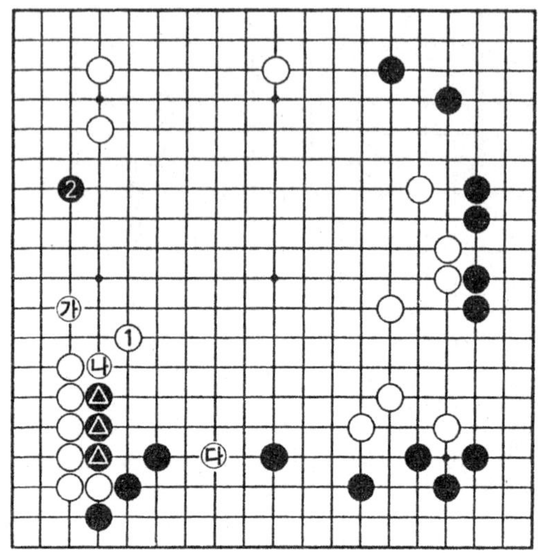

4
도

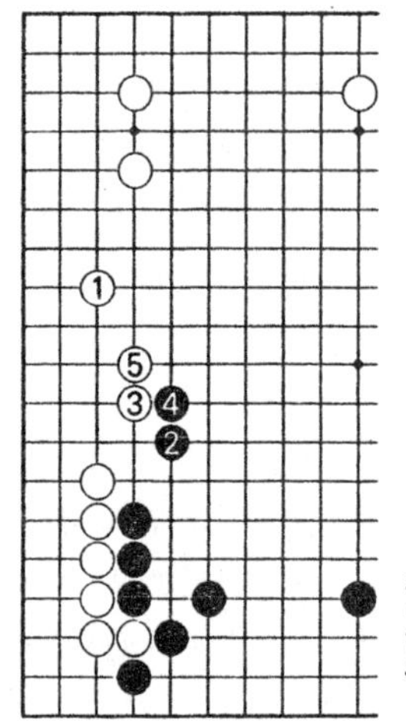

참
고
도
3

4도

백1로 흑의 호점을 먼저 차지하는 것은 정해의 3도와 비교해 박력이 떨어진다. 흑은 어쨌든 좌변 2의 뛰어들기이겠지만 **가** 부근의 효력있는 맥이 있어 좌변의 엿보기를 쉽게 할 것 같다.

또 정해도와 달리 백 **나**로 공배가 메워 있지 않은 만큼 ●의 석점에 대한 압력이 없고 하변 **다** 부근 뛰어든 경우의 박력에 상당히 차이가 있다.

또한 **참고도 3** 백1로 벌리는 것은 돌이 좌변에 치우쳐 문제.

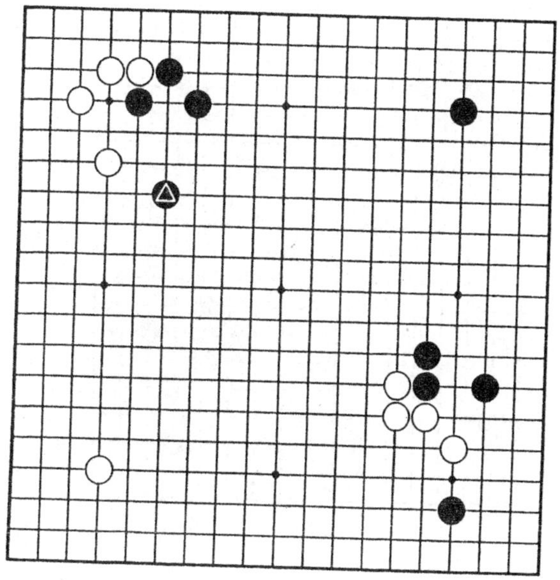

기본도

제 5 형

사전에 배석을 살리는 방법이란 ……

포석의 단계에서 중요한 것은 사전에 둔 돌을 어떻게 효과
적으로 살리느냐, 하는 것에 있다. 아무리 부분적인 정석을
두어도 전체의 돌의 연관이 부족하면 그것은 산 포석이 되지
않기 때문이다. 자칫하면 교과서적인 포석에 따르기 쉬운데
중요한 것은 자기 나름의 생각, 기풍을 가지는 것.

이 일국, 초반 바로 좌상귀 ●의 일착이 달라졌다. 이 흑의
돌을 살리는 방법은 반드시 있을 것이다.

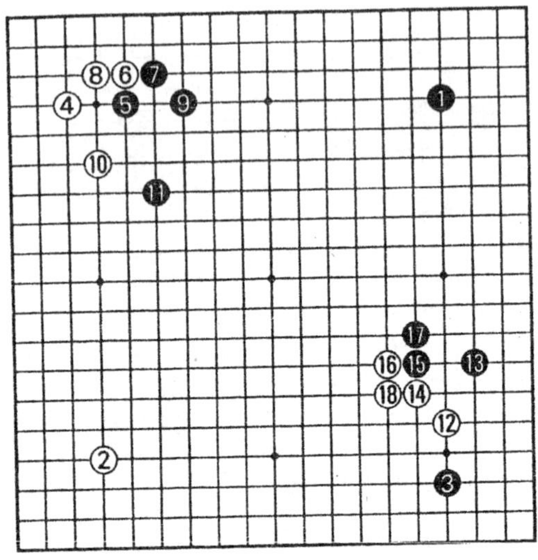

1도

1도

기본도는 급
성장하고 있는
중국바둑계에
서 邵雲中 7
단(흑)대 石井
邦生 9단의
일전을 들어 본 것이다.

참고도
1

본도는 **기본도**가 완성되기까지의 순서이다.

순서중 흑11이 유니크하다. 이것으로 **참고도 1**의 흑1 혹은
가와 같이 상변에 벌리는 것이 상식이다. 굳이 굳힘을 생략
하고 중앙지향으로 두어 보려는 그 진취적 자세는 평가할 만
하다.

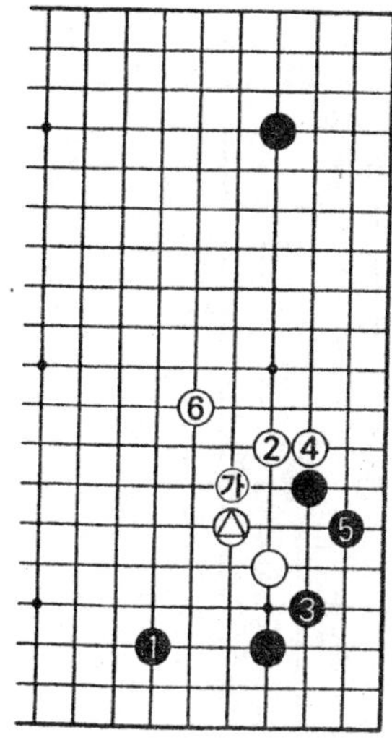

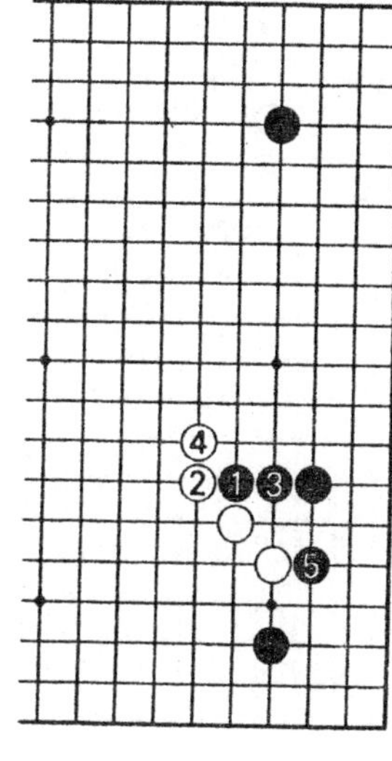

2도

1도의 순서를 좀더 설명한다.

우하귀의 절충으로 △의 마늘모에 흑가로 붙여간 것은 상변을 생각한 것. 이것으로 흑1 이하의 보통 정석을 두는 것은 백6 까지 상변의 흑의 배석이 얼버무려져 안된다.

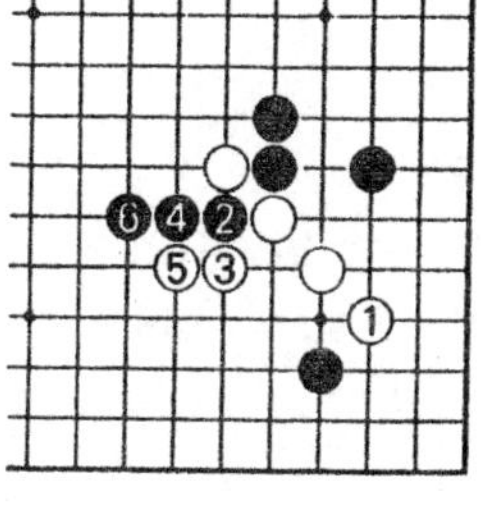

3도

흑1 · 3의 정석도 마찬가지. 백4로 중앙을 뻗어끊게 하여 최초의 흑의 취향이 둔해진다.

4도

1도 백18의 이음에서 백1의 마늘모도 있지만 이것도 흑2 이하 중앙을 두텁게 하여 나쁘다.

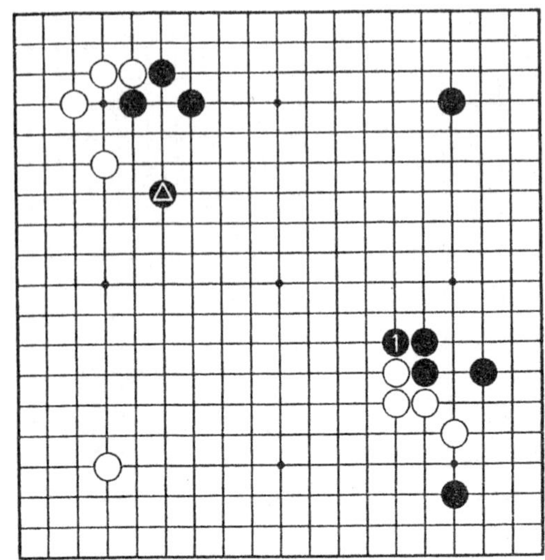

5
도

5도

여기까지 **기본도**의 순서를 설명했는데 당연하게 보이는 수순 중에도 깊은 의미가 있음을 깨달았을 것이다.

여기서 문제. 흑은 이후 어떠한 포석을 만들었을까.

이미 이제까지의 수의 설명에서 알 수 있었을 것이다. 흑1로 꺾는 것이 중앙제패로의 필쟁점. 소위 천왕산이었다.

이 한 수로 우상귀의 화점을 중심으로 멀리 왼쪽 위의 ▲ 의 한 점과도 호응하여 흑의 세력권(그것도 거대한!)이 완성되고 있는 것으로 받아들일 것이다.

이것이 흑의 일관된 큰모양 작전이다.

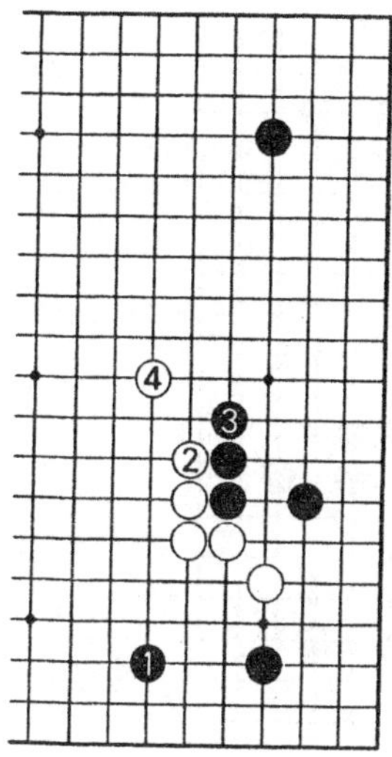

6
도

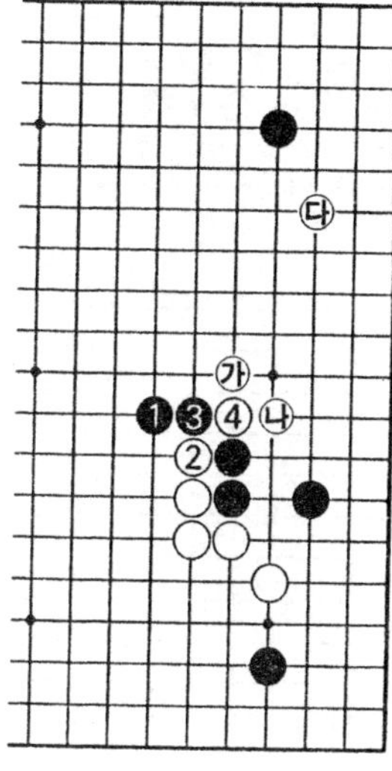

7
도

6 도

혹1로 하변을 두 칸 벌림하는 것도 큰 수이지만 이 국면에서는 부분에 구애된 의지분열의 수. 백2·4로 중앙을 반대로 제패하게 해서는 대국을 잃는다.

7 도

단, 5도 혹1의 꺾음은 옳지만 혹1의 날일자하는 것은 허리를 편 위험한 수. 백2·4로 바로 나와끊는 강경책도 있을 것 같다. 이 후 혹가 라면 백나, 혹나 라면 백가 의 뻗음.

또 백다 부근의 꺾음에서 나가끊음을 노려도 곤란하다. 혹으로서는 다음의 보충하는 수를 예측할 수 없다. 일견 경쾌하게 생각되겠지만 아주 약한 수이다.

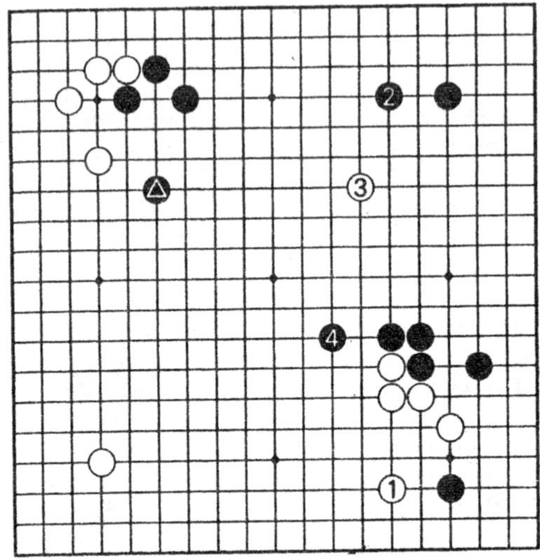

8
도

8 도

실전의 진행을 나타내 본다. 백 1로 하변을 제압하고 흑은 2로 상변에 심을 넣었다. 이것으로 **참고도 2**와 같이 흑 1로 뛰어넘는 것은 기분은 좋지만 영역을 너무 넓혔다. 백 2 이하, 상변을 가르게 하여 흑은 좀 주체 못하는 기분이다. 본도 흑 2로 상변을 한 칸으로 대비하면 백도 제거하기 어렵다. 백은 3으로 고심. 흑은 4로 뛰어 크게 주시해 왔다. 이렇게 되면 싸움의 주도권은 흑에게 있다.

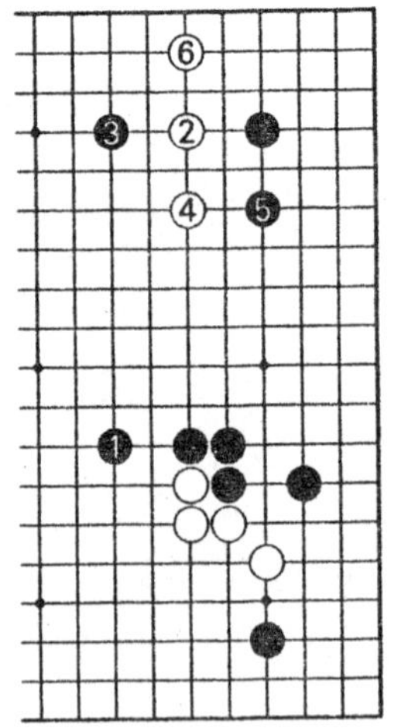

참
고
도
2

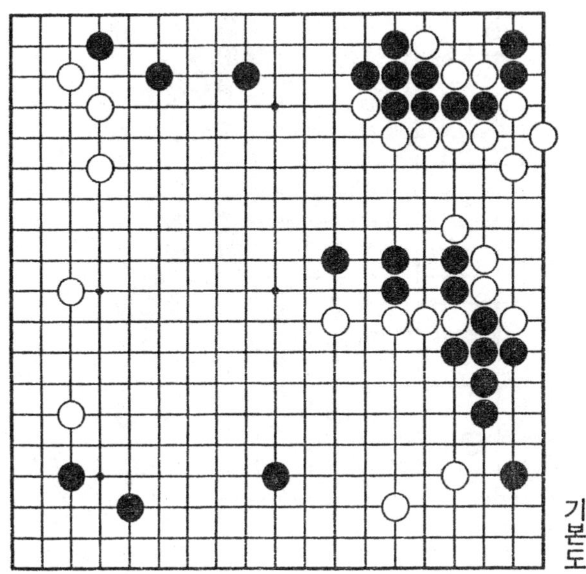

제6형

싸움의 중심점은 절대로 양보할 수 없다

지금까지 몇가지 모양의 초점을 둘러싼 천왕산을 보았는데, 여기서 싸움의 국면에서의 쌍방의 중심점——천왕산——을 둘러싼 문제를 두 개 정도 내본다.

지금까지 보아온 대로 모양을 초점으로 한 천왕산의 문제는 주로 초반에 나타나는 일이 많고, 따라서 '이 한 수'를 발견 것이 비교적 알기 쉬웠다고 생각한다.

그러나 싸움이 되면 그렇게는 안된다. 돌의 강약이나 그후의 추이 등 여러 가지 요소가 얽힌다. 진짜 실력을 실험할 수 있는 것은 이곳이다.

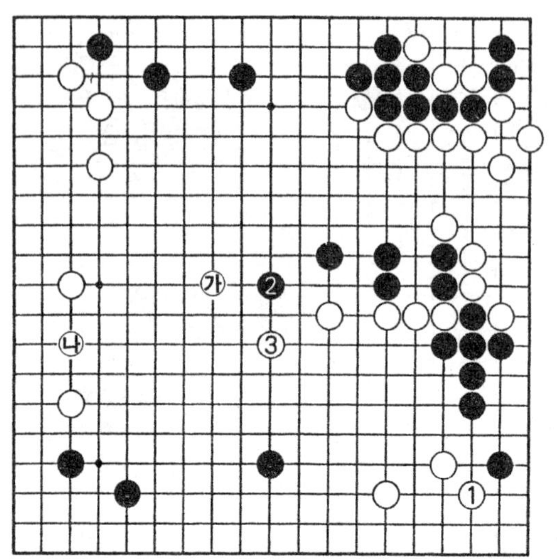

1도

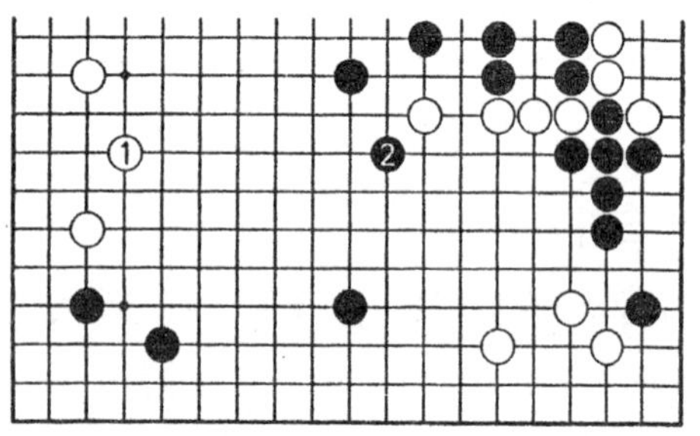

참고도 1

1도

우하귀 3·3의 수비는 중목이 모이는 호점.

그렇지만 이곳을 지키고있으면 중앙 흑2가 절호점이 되어 버린다. 백3으로 일단 굽히고 받는 것도 괴롭다. 흑2의 날일자 하나로 중앙의 흑의 뜬돌은 느슨해진 형. 이 후 흑가로 뛰어가느냐, 혹은 나로 뛰어드느냐, 어느쪽으로 하든 주도권은 흑에게 옮겨간다.

참고도 1

1도 백3에서 백1로 좌변을 지키면 흑2의 걸침이 견딜 수 없다.

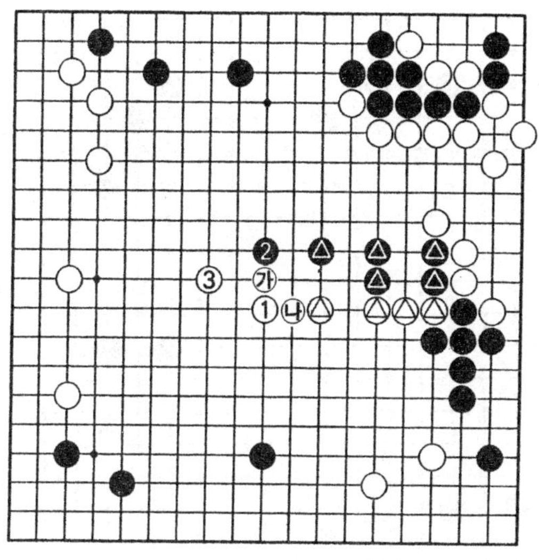

2 도

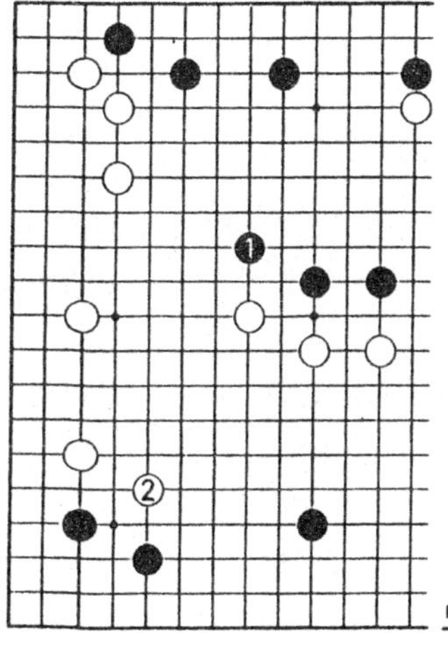

●다섯 점과 △넉 점이 모두 뜬 채로 싸우고 있는 이 국면에서는 초점은 중앙의 제공권이다. 어느쪽이 먼저 이것을 제압하느냐가 일국의 포인트가 된다. 백1의 뜀에서 3의 날일자의 부채질이 바로 공방상의 천왕산이었다. 이어서 3도와 같은 진행이 되면 1도와의 차는 일목요연할 것이다. 또한 2도 백1에서 가로 바로 날일자 부채질하는 것은 흑나의 붙여넘음이 있다.

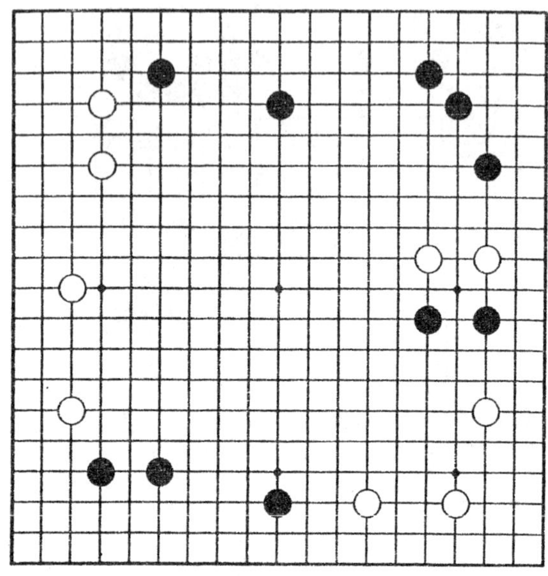

기본도

제7형

공방과 모양의 촛점은 어디에

싸움중에서 천왕산의 싸움은 동시에 모양의 형성에 관련되는 일도 있다. 그런 국면에서는 더욱더 '이 한 수'는 간과할 수 없는 필쟁점이 될 것이다.

예를 들면, 이 국면 서로 여유있는 포석이지만 다음부터의 착수는 모두 양보할 수 없는 순서를 포함하고 있다.

그 피할 수 없는 중심선이란 대체 어디인가?

이 문제는 포인트를 2단계로 나누어 생각해 보자.

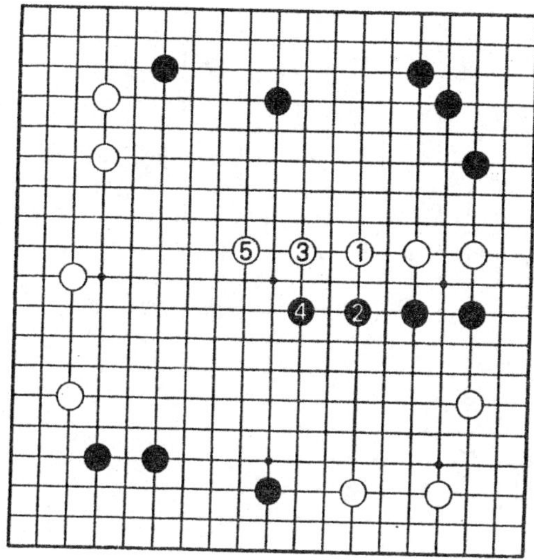

1도

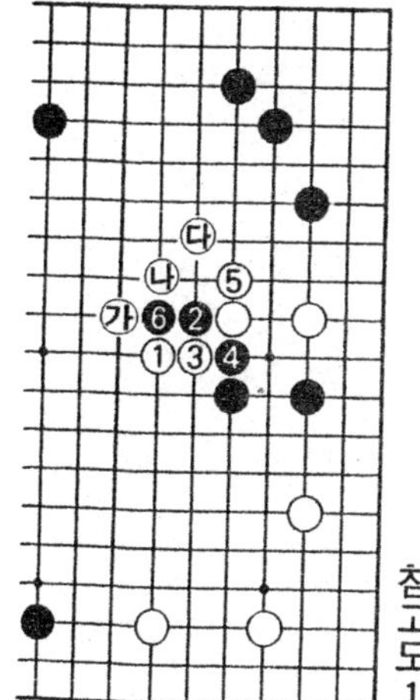

백1의 뛰어나감이 절대 피할 수 없는 요점. 이어서 흑2도 마찬가지 수로 뺄 수 없다. 백2로 모자씌움하게 하면 곧 우변의 흑은 숨이 막혀버리기 때문이다. 이하 백3, 흑4, 백5로 모두 양보할 수 없는 점이다.

참고도 1

1도 백1에서 1로 날일자 부채질하는 수가 있으면 좋지만 이것은 지나치다. 흑2로 반발하여 이하 흑6 까지. 이 싸움은 백 안된다.

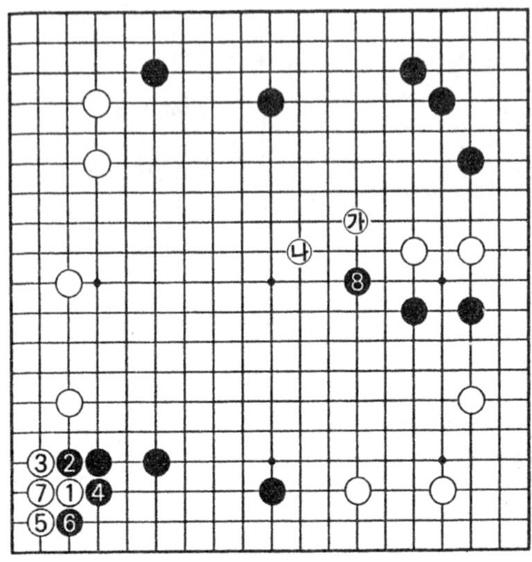

2
도

2 도

1도 백1을 생략하고 예를 들면 좌하귀의 3·3을 침입하는 것은 어떨까. 실리로서는 최대급이지만 눈앞의 이익에 매달려 대국을 잃는 방법이라 할 수 있다.

흑은 선수를 쥐고 우변 8의 날일자. 바로 '이 한 수'이다. 이렇게 부채질당하면 백 갑자기 괴로와진다. 이어서 백 가 라면 흑 나, 더욱 다그쳐갈 것이다.

1도 백3의 수빼기와 마찬가지. 참고도 2와 같이 흑에게 부채질당하면 백 절대 안된다.

참
고
도
2

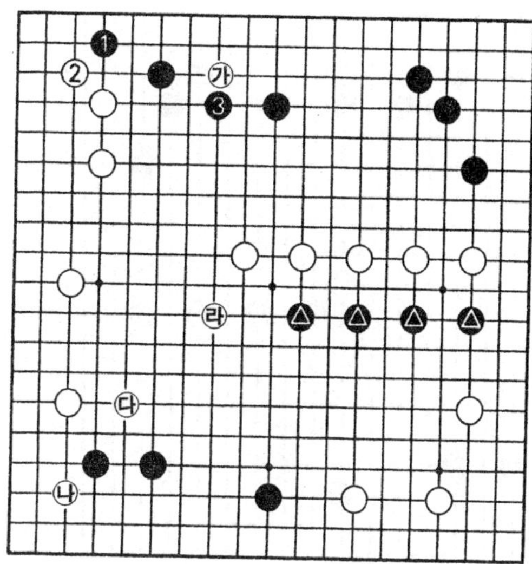

3 도

3 도(기본도)

1 도의 쌍방 뜀뜀이 된 곳에서 상변은 백**가** 의 뛰어들기의 표적이 생긴다. 그래서 흑은 1 · 3 으로 상변을 지켰다.

여기서 다음의 포인트이다.

우변에서 한 칸에 뛰어나간 ● 넉 점은 그 나름대로 확실하며 바로 공격은 없을 것이다.

그 판단을 전제로 백의 다음의 한 수는 어디 ?

백**나** 로 3 · 3 으로 들어가 실리를 버느냐, 백**다** 로 뛰느냐, 백**라** 로 중앙을 크게 덮어씌우느냐, 이 중에서 골라 보라.

공방과 모양 형성을 겸한 중반을 리드하는 한 수가 있다.

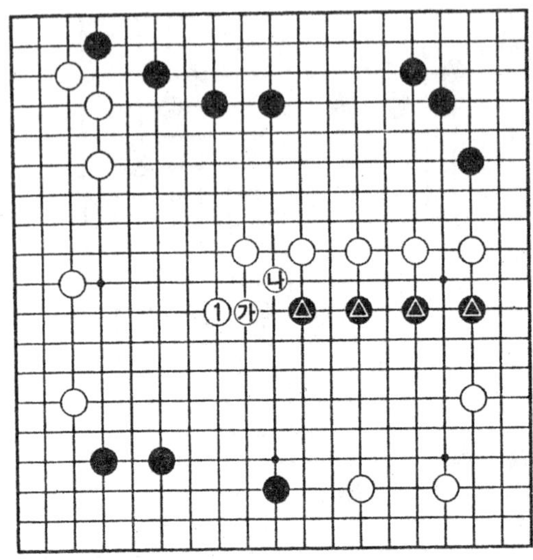

4
도

4 도

백 1 로 중앙의 심을 막는 것이 훌륭하고 여유있는 수이다. 멀리 우변의 ● 돌을 노리면서 좌변 일대의 백모양을 크게 쌓고 있다.

또한 백 1 에서 **가** 로 덮어 씌우는 것은 흑 **나** 에서 반격을 받을 가능성이 있다.

흑으로서는 여기서도 역시 **참고도 3** 과 같이 중앙을 뛰지 않으면 안되고, 백 2 의 뛰어들기를 감수하는 수밖에 없었다.

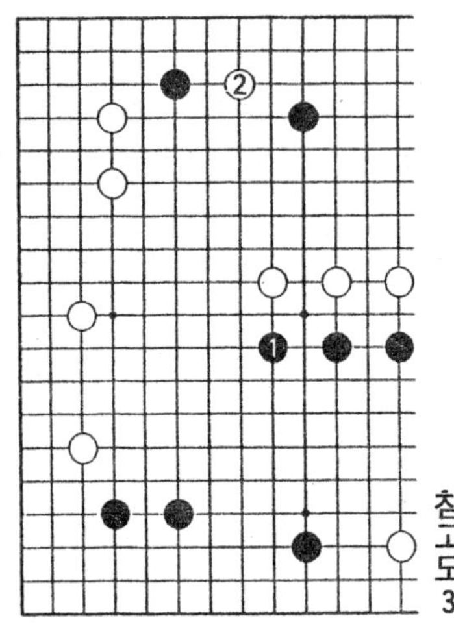

참고도 3

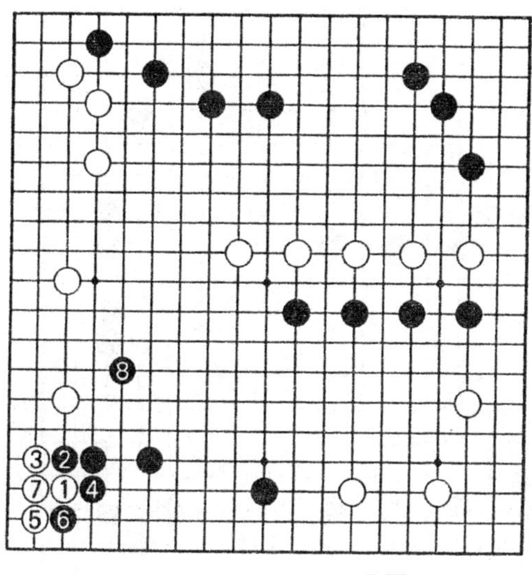

5도

5도

백1로 3·3으로 들어
가는 수는 실리로서는 최대
급. 그러나 이 경우는 흑2
에서 8로 진출하게 하여 그
이상의 것을 잃는다.

6도

이어서 백1의 받음이라
면 흑2를 정하여 4로 중앙
을 분단. 4도에서 넓어진
좌변의 백 모양을 없애고 반
대로 흑에 하변에서 중앙에
걸쳐 두터운 벽이 생겼다.
또한 △가 약해져 있다. 이
것은 공방교체.

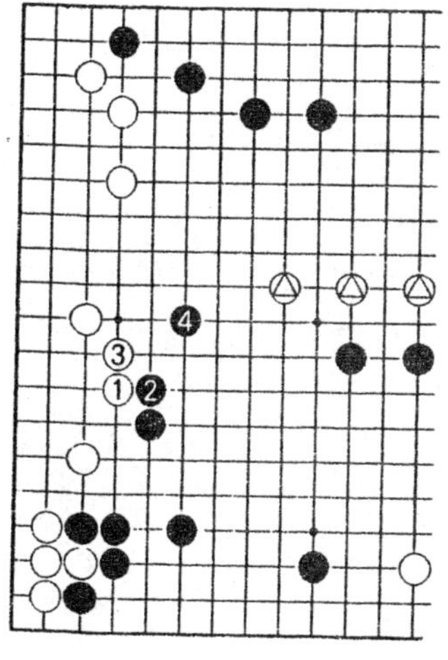

6
도

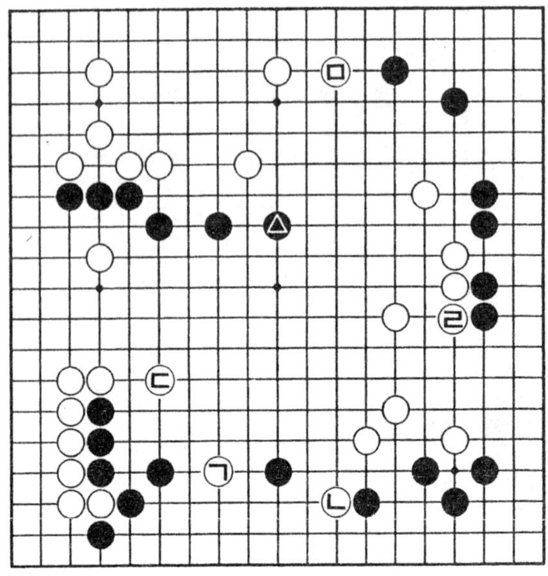

기
본
도

제 8 형

좀 알아채기 힘든 필쟁점도 있다

앞의 제 4 형의 그 후의 진행도이다.

●로 뛰어나오고, 좌변에서 뻗고 있는 자기돌의 안정을 꾀하였다. 국면은 그럭저럭 일단락된 상태. 백이 이 부근에서 다음의 전개를 향해 방책을 생각할 것이다.

대충 살펴보니 그다지 '이 한 수'라는 느낌이 드는 곳은 없는 것 같다. 그러나 요란스럽지는 않지만 이 국면에서는 놓칠 수 없는 필쟁점이 있다.

그럼 그것은 ㄱ에서 ㅁ 중 어느 것일까.

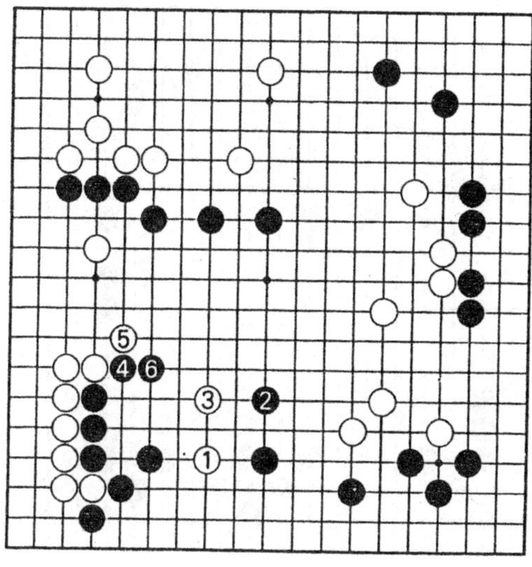

1도

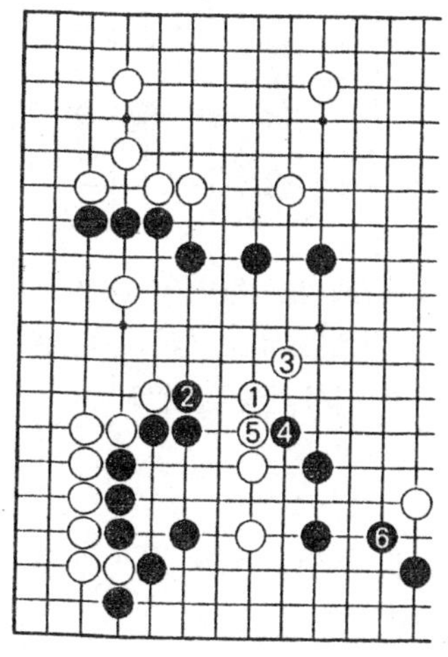

2도

1도

백1로 바로 하변으로 뛰어드는 것은 백 성급하다. 흑2로 간명하게 뛰게 해도 좋은 결과는 기대할 수 없다. 백3에 흑4·6으로 견실하게 둔다.

2도

백은 뛰어든 돌을 일단 피하는 것밖에 없다. 이 순서는 하나의 상정도이지만 흑은 자연스럽게 두어도 손실은 없고, 백은 전체적으로 약해졌다.

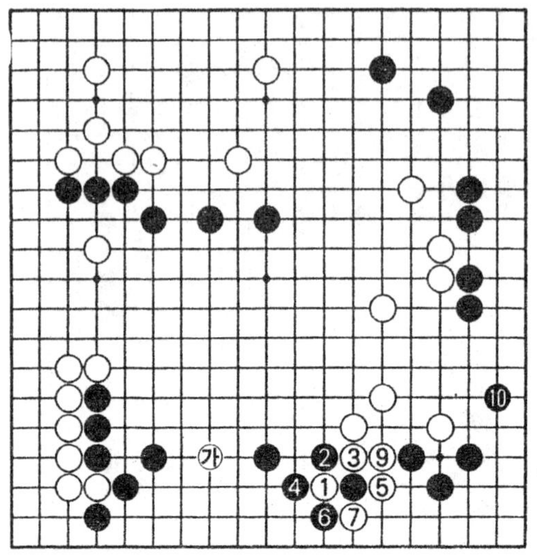

3도

백 1로 붙이는 표적은 언제든지 있다.

그러나 이 국면에서 바로 결행하는 것은 역시 시기상조이다. 백 3 이하 9 까지의 일부를 먹혀도 백에게는 이득이 없다. 오히려 무

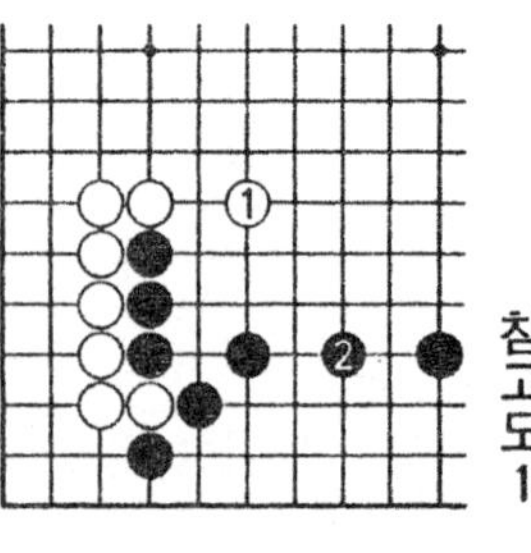

거워져 백의 전체가 움직이기 어려워졌다. 하변은 원래 전도 가와 같이 바로 하느냐 마느냐는 별개로 하고 얼마든지 표적이 있다. 단 그 전에 우변에 산재한 백돌이 안정되지 않은 채로는 효과가 없다.

참고도 1

그런가 하면 백 1로 뛰고, 흑 2로 하변을 쉽게 지키게 하는 것은 무책. 견실하지만 느슨한 수라 할 수 있다.

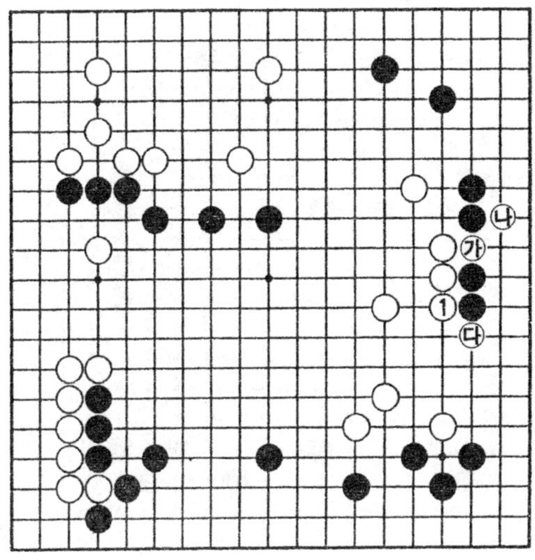

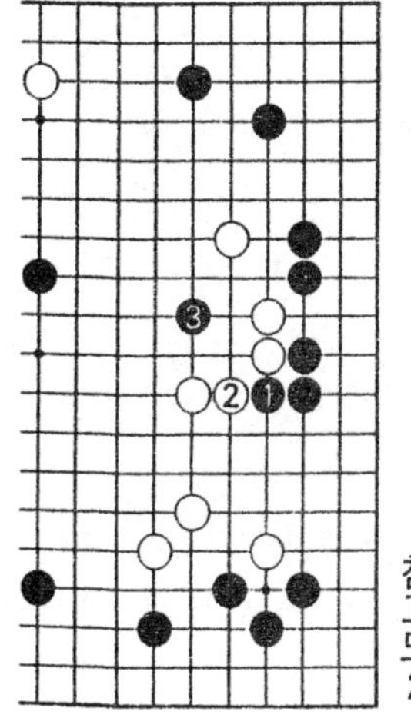

4 도

내가 실전에서 둔 수가 백 1 의 밀기. 내가 좋아하는 견실한 일착이라 생각하였던 것이다.

이렇게 일착 중앙에 수를 들여 넣고, 상하에 산재한 백돌을 반석으로 한다. 그리고 서서히 대책을 가다듬는다. 우변의 흑에는 백 가 의 출현에서 나 의 끊는 방식, 혹은 다 의 젖힘 등 접근도 남아 있다. 또 백 1 의 일착이 없으면 참고도 2 와 같이 흑으로부터 짓궂은 맛이 있을 것을 피한 것인데 좀 지나쳤다. 초점은 다른 데에 있었다.

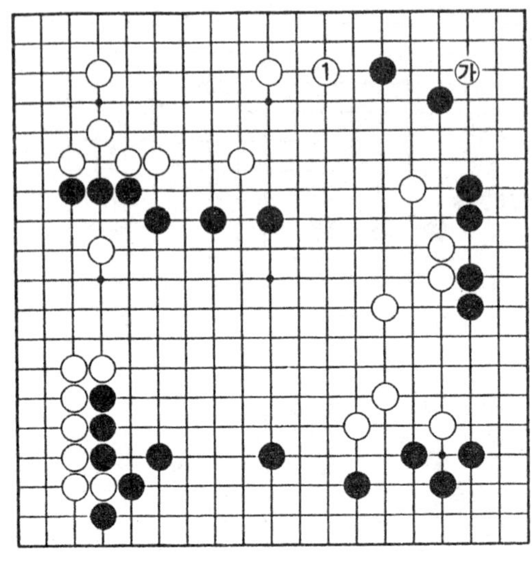

5
도

5 도

상변 백1의
한 칸의 메움
이 차분하면서
큰 수. 국면 최
대의 필쟁점이
었다.

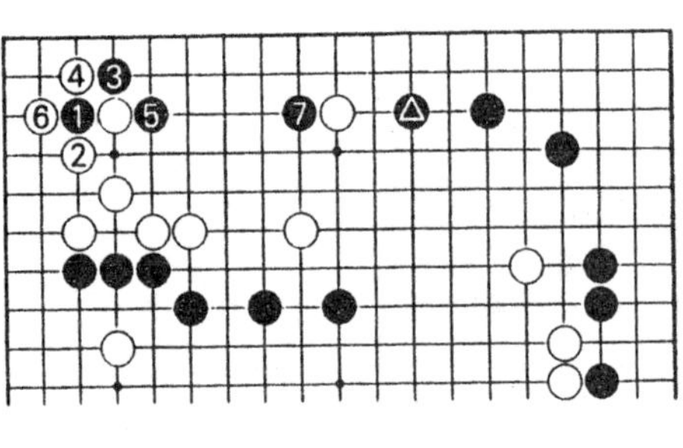

6
도

이렇게 두어 두면 왼쪽 위 일대의 백집은 빈틈없이 확정되
고 또 우상귀의 흑집에는 흑**가**의 3 · 3 뛰어들기가 남는다.

6 도

반대로 ⬤로 메우게 하면 그 차는 대단하다. 집의 출입이
다를 뿐이다. 좌상귀의 백집이 나빠진다. 예를 들면 흑1에
서 살리고 **7**로 붙이면 확실한 수가 되었다.

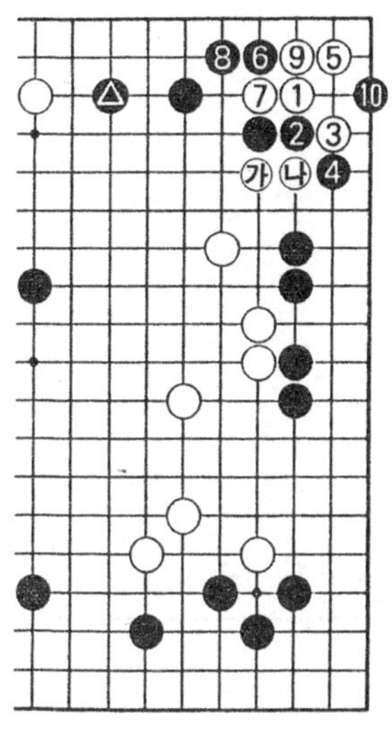

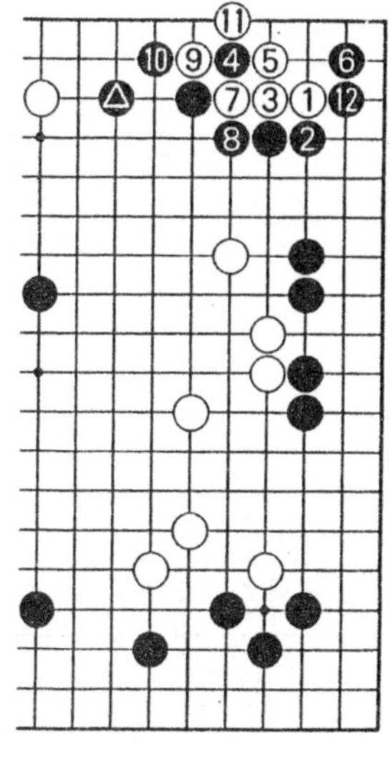

7
도

8
도

7 도

더욱 큰 것은 ▲에 일착을 가하면 우상귀가 수가 못된다는 것이다.

예를 들면 백1에서 3·5로걸쳐이어도 흑6에서 따라 오게 하여 흑10에서 아웃. 이 후 백**가**는 흑**나**로 맞대기까지이다.

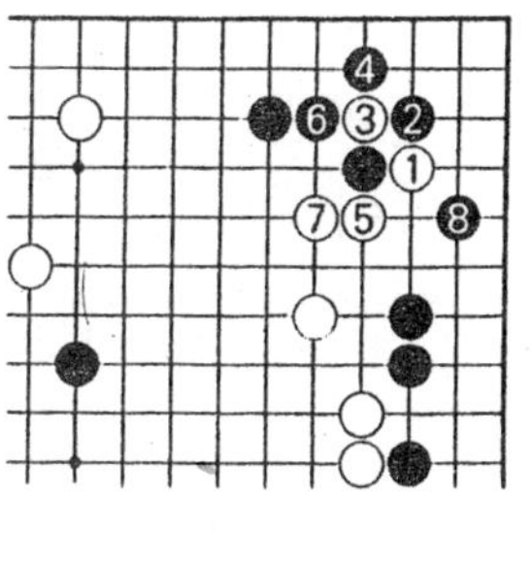

참고도 3

8 도

백1·3으로 가면 흑4에서 6으로 두는 것이 맥. 이하 흑12 까지 ▲가 작용하여 잡히고 있는 것을 확인하기 바란다.

참고도 3

결국 실전에서는 백1의 붙임에서 백7 까지 정도의 삶밖에 없고 흑8로 건너게 하여 큰 집을 만들게 하였다.

┌─────────┐
│ 판　권 │
│ 본사 │
│ 소　유 │
└─────────┘

약점을 줄이고 장점을 늘리는 법

2016년 5월 25일 인쇄
2016년 5월 30일 펴냄

옮긴이/ 프로바둑연구회
펴낸이/ 최　　상　　일
펴낸곳/ 태 을 출 판 사
서울특별시 중구 동화동52-107 (동아빌딩내)
등록/1973년 1월 10일(제4-10호)

＊잘못된 책은 구입하신 곳에서 교환해 드립니다.

■주문 및 연락처

우편번호 100-456
서울특별시 중구 동화동 52-107 (동아빌딩 내)
전화 / 2237-5577 팩스 / 2233-6166
ISBN 89-493-0372-8
　　　　　　　　13690